千原雅代［編著］

不登校の子どもと保護者のための〈学校〉

公立の不登校専門校ＡＳＵにおける実践

ミネルヴァ書房

はじめに

文部科学省の児童生徒の問題行動等生徒指導上の諸問題に関する調査（二〇一五）によれば、年間三〇日以上、学校に行かない不登校の子どもは、義務教育期間だけで、一二万人に上ろうとしています。小学校で二万五八六六人（全体の〇・三九％）、中学校で九万七〇三六人（全体の二・七六％）の子どもたちが学校に行かない、あるいは行けない状態にあります。

この不登校問題は、平成に入ってからさまざまに議論され、個人の神経症的な問題である、いや学校教育の問題だ、社会の変化の表れである等々、議論が繰り返されてきました。そのいずれもの視点が必要ですが、ともかく今悩んでいる子どもたち、保護者に、どうすれば未来に希望をもっていただき、元気になってもらえるのか、という目的論的な視点からも考えていかねばなりません。

本書はその目的論的な試みの一つとして、奈良県大和郡山市が設置した不登校の子どもを対象とした特区学校「学科指導教室ＡＳＵ」における取り組みを報告し、その現状からみえてくる不登校支援の課題や求められる支援について考えてみようという、いわば不登校支援における新たな試みの報告書です。特区学校とは、教育構造改革特区事業によって認可が可能になった、不登校の児童生徒専門の学校で、通常学校に比べてカリキュラムが弾力化された学校を意味します。特区学校は現在、全国に四つあります。本書で取り上げる「学科指導教室ＡＳＵ」は他の特区学校に比べて、スタッフも非常勤が多いような、小さな〈学校〉です。しかし、市内から多岐にわたる児童生徒が足を運び、また卒業していきました。ＡＳＵには常時、市内の小学生・中学生あわせて一〇人から二五人ぐらいの児童生徒が在籍しています。

ＡＳＵの目標は、子どもたちの心の居場所になり、まずは子どもが元気になり、未来に希望がもてるよう支援することです。具体的には、ほとんどの子どもが直面している思春期危機を生き抜けるような人間関係を育み、同時に余裕がある子どもには進路形成に向けて学力支援をすることです。ＡＳＵでは独自の内申書を作成することができ、それにもとづいて九八％の子どもが高校へ進学しています。

しかし、思春期を生きる子どもたちへの支援は、言うほどたやすいことではありません。現在の不登校は非常に多様化し、二〇年前に言われたような神経症的不登校の生徒はむしろ減少しています。代わって、発達障害を抱えた不登校の子ども、また、幼いときから家庭状況が混乱し外傷体験が重なっているうえに現在も厳しい現実状況にある不登校の子どもたちが存在します。また子どもたちの学力や学習への動機づけにも非常にバラエティがあります。

ＡＳＵの基本方針は、こうした子どもたちを甘えているると批判的にみるのではなく、まずそのまま受け入れ、そして彼らが自分の課題を乗り越えていけるよう支援することです。そのために保護者の相談も受け、ＡＳＵの教員と臨床心理士の連携はもちろん、市内学校、福祉機関、病院等の幅広い機関や地域社会と連携をとり、日々取り組んできました。しかし、そのなかでこちらのかかわり方のために子どもたちが不安になったり、あるいは逆にそれを通して、スタッフ自身も成長させていただくような機会を得たこともあります。思春期の子どもをもっている保護者や教員で苦労しておられない方はいないと思いますが、ＡＳＵでもさまざまなドラマがありました。

本書で述べるさまざまな試行錯誤の結果、ＡＳＵが現在至っている結論は、教師であれスクールカウンセラーであれ「適切な児童生徒理解」と「支援者の人としてのあり方が大事である」ということです。不登校を解消するためのノウハウではなく、魅力ある〈学校〉、行けばほっとする場、時には厳しいけれども自分を見守り待っている人、信頼できる人がいる場が必要なのです。この点は共感的理解と指導の統合という点から考えることができます。

現在、ＡＳＵでもこの問題をスタッフ一人ひとりが、考えているところですが、私たちが直面している問題は、多くの学校でも課題となっていることであると思います。それは教育のあり方を問うものでもあり、また支援者の質を問うものでもあると思います。ＡＳＵは設立から一二年目を迎えていますが、一度ここでその取り組みをまとめ、忌憚のないご意見をいただきながら次につなげたい、また不登校支援において重要な基本姿勢について私たちが学んだことを言葉にしておきたいと思っております。本書執筆の意図はこうしたものです。ご一読いただき、ご意見をいただければ大変ありがたく思います。

二〇一五年五月

執筆者を代表して　千原雅代

不登校の子どもと保護者のための〈学校〉——公立の不登校専門校ＡＳＵにおける実践　目次

はじめに

「道　草」

道草してみたの
それは長い間だったのかな
でも　あたしにしたら、短すぎる道草

その場所は居心地がよくて、あたしの大好きな場所なの
ここは楽しくて心の寝床
でもね　しょせん道草
お家に帰んなきゃいけなくて……

お家も好き
でも道草したあの場所がやっぱり好き
たまに道草の場所に行くの

道草して分かったんだ
道草してなかったら知らないたこといっぱいあるんだって事

道にはたくさんの花が咲いていて
そこで出会った新しい花と友達になって
して良かったなって思うの
知ることができて良かったって

ASU 卒業生

第1章　不登校について考える

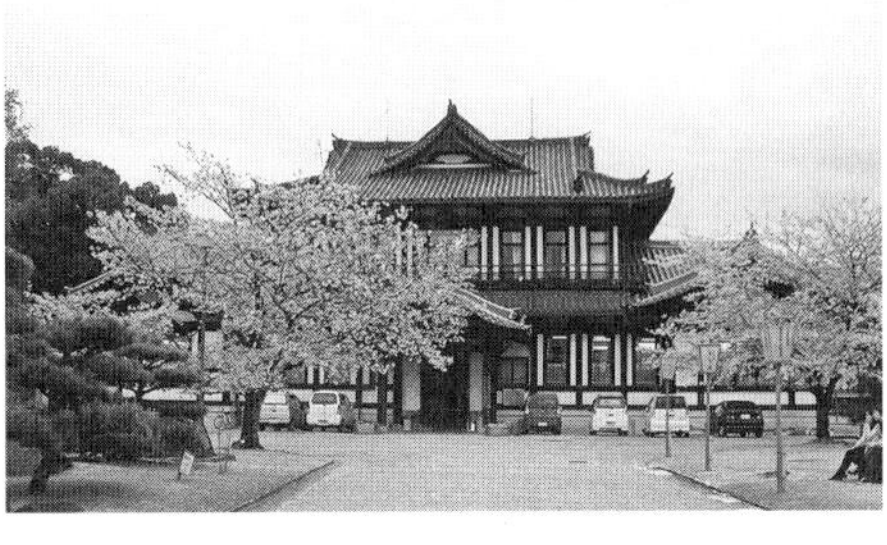

「ASU」は、構造改革特区事業によって弾力化されたカリキュラムのもと、不登校の子どもたちの居場所となることをめざした学びの場です。こうしたASUについて紹介する前に、第1章ではまず不登校全般についての基本的な考えや子どもたちを理解する視点について述べます。

1　不登校とは何か？（ASU主任カウンセラー　千原雅代）

(1) 不登校はさまざまな要因が重なって生じてくる

一九九〇年代に入り、学校に行きたくとも行けない、あるいは行きたいと思わない子どもたちが急速に増えてきました（図1）。現在、文部科学省の定義では、年間三〇日以上欠席した場合を「不登校」と呼んでいます。身体的な病気による場合を除き、いかなる理由であっても、学校に行くことができない場合はすべて「不登校」と呼ばれます。現在、中学生は一〇〇〇人のうちほぼ二七人の子どもたちが不登校状態です（平成二五年度児童生徒の問題行動等生徒指導上の諸問題に関する調査、文部科学省、二〇一四）。このグラフを見て、いったいなぜこんなことになっているのか、と誰しもがその思いを抱かざるを得ないでしょう。

この現象に対して、近年は四つの次元から考えられることが増えています。その四つとは、

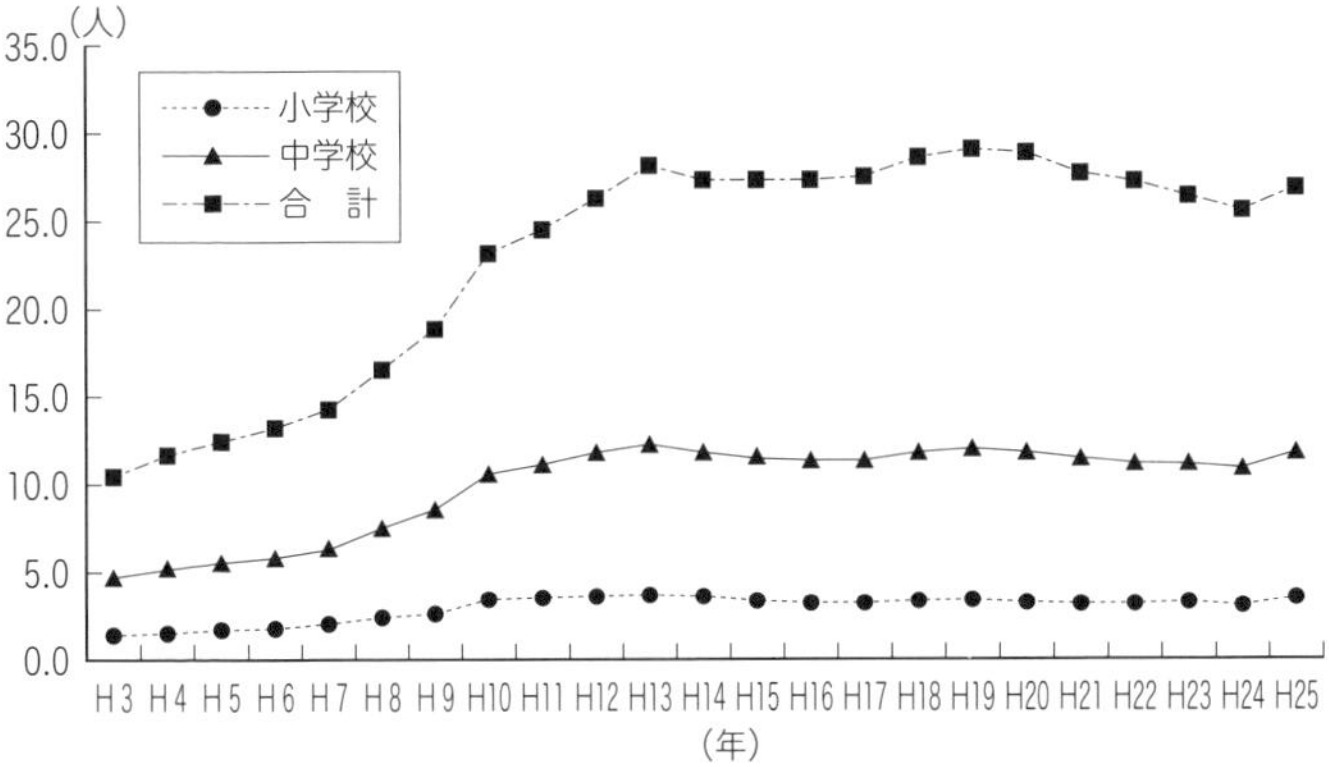

図１　不登校児童生徒の割合の推移（1,000人当たりの不登校児童生徒数）

出所：平成25年度児童生徒の問題行動等生徒指導上の諸問題に関する調査（文部科学省，2014）

初めに「本人が抱えている発達的な課題や生まれつきの性質」、次に「家庭養育の課題」、三つ目は「学校教育の課題」、そして最後に私たちが生きる「現代日本社会の課題」です。

不登校臨床の現場では、ときどき本人の甘えが問題だ、保護者の育て方が問題だ、学校の対応が悪い、社会が悪い等々、いずれか一つが犯人とされることがあります。その犯人としてしばしばあげられるのが上記の四つなのですが、実際にはそう簡単にどれか一つが原因であると断定することはできません。一人の子どもを取り巻く環境として、家庭や学校、社会があるのであり、どの要因もある程度はかかわっており、研究者の立場によってどこを強調するかも異なります。それゆえ、本書でこの四つの次元を取り上げるのは、どれが悪いかという原因探しをするためではありません。むしろ、それぞれの次元で何が必要かを考え、いわば新たなものへの創造に向けて、事象を整理するためです。

(2) 不登校をとらえる四つの次元

① 本人の素質

当たり前のことですが、子どもは生まれてきたときから一人ひとり異なります。安定して母乳を飲みよく眠る新生児がいる一方で、むずかりがちで夜泣きが著しいなど不安の高い赤ちゃんもいます。また、多くの新生児は選択的に人の顔を見る傾向があることが実験からも明らかになっていますが、こうした生まれつきの認知能力が弱く、いくらあやしても目が合わないといった新生児もいます。そうした資質が不登校を生むわけではありませんが、こうした各人の素質への配慮は不可欠です。

② 家族という環境

不登校支援の歴史を振り返ると、まず個人や家族の課題が着目され、分離不安や神経症的不安の変化をめざす心理的支援が重視されました。子どもの不登校に家族が深くかかわっていることについてはのちに述べますが、不登校を子どもが家庭に対して提起した一つのメッセージとしてとらえ、家族の関係の変化や成長をめざす心理的支援が功を奏してきました。

これは現在でも基本的には同じです。親子のつながりほど深いものはほかにはなく、保護者の生き方やかかわり方が変わると、子どもたちもまた変わっていきます。田嶌（二〇一〇）が述べるように、保護者や保護者をとりまく人々が、子どもの不登校をきっかけにいろいろと考え、子ども自身が課題を乗り越えることを支援すること、あるいは家族の課題を乗り越えて元気になることが目標です。

③　学校という環境

平成に入り不登校の子どもが急増するにあたって、この背景には、子どもの学校嫌いが存在すること、すなわち学校が子どもたちをひきつけるだけの魅力ある場となっていないことが取り上げられるようになり（森田、一九九一）、学校の病理としてこの現象をとらえる視点が生まれてきました。これを受けて、文部科学省は一九九二年に「不登校はどの子どもにも起こりうる」という見解を示しています。

不登校は、学校に登校する意義をあまり認めない、学校に行っても面白くないと感じる大勢の子どもたちのなかから生まれてくる、と考えられるようになったのです。学びの質、教師の児童生徒理解のあり方、学校を支援する環境など、課題は山積しています。これについては、第5節で詳しく述べたいと思います。

④　不登校を生む土壌としての日本社会

　また現代の日本社会の抱える課題が不登校という現象に絡んでいるといえます。たとえば古くは学校に行くことで立身出世をし、家族や社会に恩を返すのだという思想が生きていました。しかし現在は、社会性や幅広い教養を身につけて社会に役立つ人材になるよりも、まず自分が高収入を得るために学歴をつけるといった個人的な価値のみを求める人が増えているのではないかと思います。すでに森田（一九九一）は、公的な規範よりも「私」が優先される事態として「私事化社会」という概念でとらえています。こうなると、塾があるから学校には行かなくてもよい、という発想につながっていくことすらあります。

　また臨床心理学者の河合（一九九九）は、日本は高度経済成長を果たし科学技術によって便利な生活を手に入れた一方で、親は子どもが物に不自由しないことや、よい大学に行くことに尽力し、真に子どもの個性を育てることには着目せず、家族関係のことまで省エネをしているのではないかと述べています。親や学校を含めた社会全体において、多様な価値観のなかで自己確立することが難しくなっているという重要な指摘であると思います。

　こうした社会的なレベルの課題が不登校を生む土壌となっていることは明らかです。実際、一人の不登校の子どもと出会う場合には、これらすべてのことを視野に入れねばなりません。たとえば、両親が離婚し養育権をもった保護者が疲弊し子どもをゆっくり見ている余裕がなかったとします。子どもが万引きをし、対人トラブルからいじめに発展し、不登校になったとしましょう。これは複数の事例を組み合わせた架空の事例ですが、不登校の子どもたちの現実です。こうした事態が、子どもの問題なのか家庭の課題なのか、いじめがある学校の課題か、個人の自由が増大する一方、子育て環境に混乱や偏りがある日本社会の課題か、どれか一つをとって原因であるということは極めて困難です。

こうした環境では、家庭環境のなかで子どもが苦しい気持ちでいることは十分ありえるうえ、いじめがある学校教育の課題を指摘することもできます。また、何よりも河合（一九九九）が指摘したように、日本人は「個」の意識が西洋に比べてあいまいで、父性が弱い社会であることなどを大人に共通の課題として考えてみる必要があると思います。

（3）不登校を状態像として理解する

さて、このように不登校はさまざまな要因が重なって生まれてくるのですが、不登校という事象は、一人の人のそのときの状態像です。発達障害を抱える子どもたちは幼稚園から登園しぶりなどをすることが多く、早くから不登校が始まると言われていますが、多くの情緒的混乱から生じる不登校は、子どもが思春期に入るとともに生じてきます。そのため、重篤な精神病理がある場合をのぞいて、子どもたちの様子は、成長とともにしばしば大きく変化します。すなわち、不登校性格といったパーソナリティがあるのではなく、ある個人が不登校という状態にあると理解することが適切です。

不登校の子どもたちは、医療の場では適応障害などさまざまな診断を受けてきます。適応障害と言われるとそのような心の病があるように考える人がいますが、精神医学的診断は現在の状態に対する診断であるため変わることもあります。「三つ子の魂百まで」と言われるように人格のベースはなかなか変わらぬことも確かにありますが、個々人の物の見方や考え方、世界の受け止め方は変化する可能性があります。その成長に応じて診断がつかなくなることもあり、診断に対する適切な理解が必要です。

(4) 不登校という状態は解消できる?

それでは、不登校という状態は、どのくらい変化するのでしょうか?

学科指導教室ASUは一一年間で、一〇七名の卒業生を送りだしてきました。高校進学率は通信制や夜間を含めると九八%ですが、その進路を二〇一四年に調査した結果、九九名の進路状況がわかりました。その内訳は以下の通りです。高校を卒業し大学進学したか、高卒後フルタイムで就労している、あるいは現在高校に通学中である生徒の割合は八〇%、高卒後アルバイトをしているか中卒で就労した人を加えると八七%、高校を中退したもののアルバイトをしている人および中学を卒業しアルバイトをしている人を加えると九〇%になります。また高卒後進路不明者が二％、高卒後家庭にいる人が一％、育児中の人が一％、ＡＳＵ卒業後家庭にいる人が四％（うち一人は高校進学に向けて準備中）です。

文部科学省は、二〇一四年度「不登校に関する実態調査」として、二〇〇六年度に中学三年生で不登校だった子どもたちを対象に行った大規模な予後調査を行っています。回収率が約四％であるため、この調査が不登校だった人全体の動向を把握しているというよりも、返答してきた人の動向を把握した可能性が高いのですが、その結果では、高校進学率八五・一％、二〇歳時に就学している人は四五・七％、就労している人は正社員が九・三％、パート・アルバイトが三二・二％、家業手伝い・会社経営三・四％となっています。いずれも、九割近くの生徒が就学ないし就労（アルバイトを含む）していることを示しています。ただし、就学に関しては、学校に籍があるというだけではなく、ほぼ通学しているか、あるいは卒業したかの率を出さねば、真に子どもたちが自立していったかどうかはわかりません。ＡＳＵの場合は、定時制や通信制を含めて高校を卒業した人の割合が八八％であり、この数字は、適切な支援のもとでは、不登校という状態が解消する可能性が高いことを示しています。

もちろん、ＡＳＵ卒業後および高校卒業後進路がわからぬ人のなかに現在も家庭にとどまっている可能性のある人がおり、進路がわかっている人のなかにも同様の人がいることは重い課題です。こうした人の存在は、その課題が青年期に持ち越されていることを示しています。しかし、文部科学省の不登校の予後調査においても、前回二〇〇一年の調査時よりも、二〇一四年の調査時のほうが、スクールカウンセラー（SC）や学校教員への相談および病院、教育支援センターなどの利用率が上がり、高校進学率が大幅に増加（六五・三%→八五・一%）する一方、退学率は下がる（三七・九%→一四・〇%）など、支援の在り方によっては、子どもたちが不登校という状態を抜けていくことが明らかになっています（文部科学省、二〇一四）。この背景にはSCの配置が増えたこと、および教育支援センターを利用することへの学校教員の意識変化などが考えられますが、支援によって変わるのであれば、今後は、その支援の質や体制作りを論じていかねばなりません。

2　不登校の子どもとはどんな子どもたちなのか？

（ASU主任カウンセラー　千原雅代）

(1) 不登校の分類でわかることとわからないこと

不登校の子どもたちは、当たり前のことですが、一人ひとり異なります。不登校が多様性をもつことはこれまでも指摘されてきました（たとえば、河合、一九九九：滝川、二〇一〇）。こうした多様な不登校状態について、事態を整理するためにさまざまな分類が行われています。

たとえば精神医学的立場からは、ＤＳＭ－５などの精神疾患に即した分類が行われます。また教育的立場からは、「不登校に関する実態調査（平成一八年度不登校生徒に関する追跡調査報告書）」（文部科学省、二〇一四）にみられるように、①無気力型、②遊び・非行型、③人間関係型、④複合型、⑤その他といった区分で分けられます。これらの分類である程度、その人の状態像を把握することはできます。

しかし、こうした分類は、不登校という事象全体を把握するために、目に見える症状や行動から作成されたものであり、個々人の心のありようや気持ちを基準にしているものではありません。またこれらの分類の課題としてあげられるのは環境要因を視野に入れることなく、一人の子どもだけを見てこの子はこういう子であると理解しようとする点です。しかし環境が厳しければそのなかで生きている子どもに負担がかかるのは当然であり、環境との相互作用を視野に入れずして当人を理解しようとすると、全体を見間違える危険性があります。それよりも、その人がどういった環境のなかで生きており、何を恐れ、どのような不安を抱えているのか、また他者をどのように体験し、どのような心の世界を生きているのかということを、一人ひとりに即して理解し、受けとめる姿勢が不可欠であると考えます。分類では残念ながら、ここまでのことが見えてきません。

(2) 子どもたちが語った心の内実

では、一人ひとりの子どもはどのように理解できるのでしょうか? ある中学生の女の子は、夜になると怖い夢を見るために不眠になり、登校できなくなっていました。話を聞くと、「永遠に暗闇を一人まっさかさまに落ちていく」という夢を見るのだそうです。仮にAさんと名づけるこの女の子は、漫画の同好会であれば外出できるため、学校からは「甘えているのでは?」と見られていました。しかし、Aさんの抱えている不安は乳児が母親が不在のときに感じるような深い不安であって、十分に抱えてくれる良い母親イメージが心のなかにないことを意味しています(Winnicott, 1971)。換言すると、心のなかに安心感がない状態、これ以上は下に落ちないから大丈夫という地面がない状態だといえます。地面がない以上、一歩を踏み出すことはできません。

Aさんは、こうした不安状態で学校にようやく通っていたのですが、残念ながら家庭でも学校でも、Aさんのこの苦しさを理解してくれる人はいませんでした。彼女はむしろ大人しい問題を起こさない生徒としてみられ、自己主張しないがゆえに、Aさんのこの心理的課題はずっと、気づかれぬままになっていました。こうした子どもたちの思いが出せる場、あるいはそれを察し、受けとめられる場がないことが社会の大きな問題であると考えます。

（３）神経症的な症状を出す子どもたちの豊かさと苦しさ

不登校は、現在非常に多様化しています。「行きたいけれども行けない」という学校をめぐる葛藤を抱えた神経症的な子どもたちだけではなく、そうした葛藤が目立たない子どもたち、あるいは、発達障害を抱えた子どもたちなど、すそ野が広がってきています。

まずこれまで取り上げられてきた神経症的不登校について述べます。神経症症状とは、爪かみや夜尿、盗癖、食にまつわる不安に由来する症状（拒食・過食、飲み込むのが怖い、吐くのではないかという過度の不安）、人や特定の物、状況を怖がる恐怖症、鍵の確認や手洗いを止められないといった強迫症状、一瞬記憶が飛ぶといった解離、現実感が薄いような離人症などが含まれます。感受性の豊かな人が多く、他の子どもが考えないようなことを考えていたりしますが、環境や他者に対する安心感が少なく、自己肯定感をもてずに、苦しんでいる状態の人たちです。

なお、神経症症状を取り上げることで、これらの子どもたちが「病気だ」と言っているのではありません。神経症症状というのは生きにくさ、子どもが無理をしているサインです。新たな自分が生まれ、異なる生き方を見つければ、症状は基本的には変化します。こうした状態が変わるかどうかは、本人や保護者がもつ自己治癒力と、出会う者の力量に大きく左右されます。

（4）葛藤を抱えられない子どもたち

①　著しい自傷行為や身体化を繰り返す子どもたち

最近は、神経症的な子どもたちのなかに、より深刻な状態を生きている人たちがいます。たとえば、いじめによる外傷体験や性的虐待を含む児童虐待、生別した保護者から連絡を絶たれるなど、厳しい外傷体験があるのみならず、これら複数の要因が絡んでいる場合です。こうした子どもたちは、世界を迫害的に感じ、自分がこの世の中にいてもいいという気持ちをまったくもてず、自殺の危険性すらあります。このような子どもたちの抱えているものは通常の常識の世界を超えるものであり、子どもたちはそれらに翻弄されつつ、ぎりぎりのところで頑張っています。

たとえばある女子中学生Bさんは、生命に危険が及ぶような激しいリストカットをしていました。父親は生別し、母親は仕事で家を空けることが多いという家庭環境のなか、家事をこなしながら頑張っていましたが、非行や学校での対人トラブルから登校できなくなり、ASUへ来ることになりました。基本的にはカウンセリングを中心に話を聞き、Bさんは、自分の大事にしている世界を存分に語りながら、自分がいかに自分の感情を無視し他人に甘えられないかに気づいて自立していきました。卒業時には自傷行為は消失し、現在は対人援助職に就いておられます。

最近は、このような心の状況にある子どもたちが、いじめを体験し、さらに不安が強くなる事態に遭遇します。不登校のきっかけとして一番多いのは対人トラブルですが、いじめはその対人トラブルのなかでももっとも深刻な心的外傷をもたらします。不登校対応の重要な対策の一つがいじめ対応であることは間違いありません。二〇一四年にいじめ防止対策法案が施行され、いじめによる長期の欠席が生じる場合は、「重大事態」として第三者委員会の設置が義務づけられました。こうした社会的対応をとりながら、学校でトラブルを解決すること、それが難しければ、いじめられた子どもに安心できる居場所を提供することが、不登校対策の喫緊の課題であると考えます。

②「明るく悩んでいないように見える」不登校

また、最近の不登校の子どものなかに、「明るい」不登校が増えてきたといわれます。深く悩んでいるようには見えず、自己中心的で、他者とも距離がとりにくく、罪悪感や抑うつなど心の痛みがないかのように見える、いわば「葛藤排除型」と呼べるような子どもたちです。岩宮（二〇〇九）は、「他人のことをまったく考えられず、自分の衝動や欲望にだけ忠実で、罪悪感も自己嫌悪もないような幼い中学生や高校生が増えてきたという話題が、学校の先生方と話しているとよく出てくるようになった」と述べています。

通常、自分の欠点や人生の厳しさが見えると人は抑うつ的になりますが、前述のような子どもたちは、その抑うつという心の痛みを排除している状態にあるといえます。彼らは「未熟だ」といわれることが多いのですが、彼らの生育環境をみていると、「未熟」という子ども一人の問題に帰していては、済まされない問題が指摘できます。ＡＳＵでは初回に筆者がすべての保護者と子どもに出会い、詳しい生育歴をうかがえる範囲で聞き取りますが、こうした状態の子どもたちには、抱えてくれる環境が乏しいか、虐待などの外傷体験があることが多いのです。彼らは、悩みを悩むこと自体が耐えがたいがゆえに、「ないこと」にし、時には自分自身もばらばらになったり、暴走したりして、葛藤を排除しているといえます。

たとえば、感情の波の激しかったＣさんは、三者面談について連絡した担任教師にいきなり暴言を浴びせました。聞けば朝から母親とぶつかって、Ｃさん自身が暴言を浴びせられたとのこと。Ｃさんの行き場のない思いが教師に吐き出されたのでした。人は自ら抱えられた体験がないと、自分の感情を入れる器ができないと精神分析では考えられていますが、まさしく子どもたちはそういう状況にあるように見えます。

③　非行をする子どもたち

文部科学省は、非行によって学校に来ない子どもたちを「怠け・怠学」という分類でとらえてきました。この呼び方は、元気があるのに「怠け」で学校に来ないという含みをもって理解されてきたことを表しています。しかし、ウィニコット（Winnicott, 1956）は非行の背後にある反社会的傾向の背後に、発達早期の愛情剥奪（maternal deprivation）があると指摘しています。ウィニコットによれば、反社会的傾向は、子どもがまだ安定した環境で守られ、抱えられることを必要としている時期に、与えられていたよい母性的養育が突然失われたことに対する子どもの側の権利主張です。同じくフランスの有名な児童精神分析家であるフランソワーズ・ドルト（Dolto, 1984）も、子どもの反社会的行動は、子どもの側からすれば与えられなかったものへの正当な自己主張であると指摘しています。こうした見解は、少年非行に関する研究からも裏づけられています（たとえば、芦澤、二〇一四）。

もちろん、それで子どものやったことが正当化されるということではありません。盗みや破壊行為は悪いことであって、こうした社会の規範を明確に示すことは絶対的に不可欠です。彼らが求めているのは、自分たちの暴走を止めてくれる強い父性的コントロールであり、彼らの行為が他人を著しく傷つける犯罪行為である場合は、社会の父性でもって、その暴走を止めねばなりません。しかし、個々人の行動は社会的基準からのみではなく、心理的な側面からも理解する必要があるのです。

こうした子どもたちと神経症的不登校の子どもたちを同時に少人数で指導することが難しいために、ＡＳＵでは原則として入室を認めていませんが、学校からの紹介などでカウンセラーが対応することがあります。また筆者自身はＳＣとして勤務していたときに、こうした子どもたちとかかわった経験をもっています。そこで見えてくるのは、社会や家庭によいものを見出せず、また万能感を適切にあきらめていない子どもたちの姿でした。

こうした子どもたちの話を聞いていると、無力感と絶望のあまりの深さに絶句することがあります。生まれたときから暴力にさらされ、親の気分で言うことを変えられてきた子どもたちは、自分の感情を生きることをすっかりあきらめ、自己破壊的になっていることすらあります。

(5) 発達障害を抱える子どもたち

最近、不登校のなかで着目されるようになっているのが、ADHDや自閉症スペクトラム障害などがベースにあり、情緒的な問題がみられる子どもたちです。自閉症スペクトラム障害とは、あとの章で述べるように、社会性、特異な言語使用や言語発達、想像力の障害をベースとする症候群で、状況認知や他者の感情認知などにおいて独特の硬さをもっています。のちに論じますので、ここでは子どもたちの状態像のみ紹介したいと思います。

広汎性発達障害と診断されたある男子中学生D君は、友人とのトラブルから不登校になりました。きっかけは、友人が彼女に振られてイライラしていたときに、慰めの言葉をかけようとしたものの言葉が見つからず、「彼女元気?」と聞いてしまったことでした。その友人は馬鹿にされたと思ったらしく、「死ね!」という言葉をD君に浴びせかけました。一方、

「死ね」という言葉を使わないD君にとって、その言葉は衝撃でした。彼にとってそういうことを言うこと自体が理解できないことであり、こうしたできごとが積み重なって、ついに自分が社会から迫害されているという気持ちが募り、学校に行けなくなったのでした。

D君は真面目で正義感の強い少年ですが、こうした他者とのディスコミュニケーションは、自閉症スペクトラム障害の子どもにしばしば生じます。それゆえ、彼らの認知特性に配慮した言葉かけや環境調整、および他の子どもたちと同じく、思春期的な課題についての支援が必要です。

ところで、発達障害を抱えている子どもたちがみな不登校になるわけではありません。自閉症スペクトラム障害を抱える子どもたちは、相手の気持ちや状況を踏まえてふるまうときに不器用になることが多く、対人トラブルになりやすいのですが、学校で支えられ、教師や周囲の生徒との関係で成長する子どもが多いことも明記しておきたいと思います。

(6) 不登校を生きる

このように、不登校の内実は多様ですが、強調しておきたいのは、過去に何があったかよりも、今どうなのか、そしてそれらを引き受けてどう生きるか、という主体的な生き方のほうが大事だということです。それはまさしく「不登校を生きる」ということであって、そこに貴重な肯定的な意味があります。

不登校の予後調査のなかに、当事者たちがのちに不登校だった自分をどう見ているかという調査があります(「不登校に関する実態調査」、文部科学省、二〇一四)。それによると、不登校を経験したことによって成長したと思う点は何か? という問いに対し、男子では、「人とうまくつきあえること」(四六・九%)、「人の痛みがわかるようになったり、人に対して優しくなったこと」(四五・八%)、「身のまわりのことが自分でできること」(四五・四%)があげられ、女子の場合では、「人の痛みがわかるようになったり、人に優しくなったこと」(五〇・九%)、「自分で働いて収入を得ようとすること」(四九・〇%)、「身のまわりのことが自分でできること」(四六・六%)などがあげられています。すなわち、子どもたちは、自立しただけではなく、人の痛みがわかる人として成長したのです。このことは不登校を生きることが、過去を乗り越えるという意味だけではなく、人格形成という大事な意味をもつことを示しています。

不登校支援において、この視点は不可欠であると考えます。なぜなら、それなくしては、健康な支援者と深い不安を抱えた被支援者という関係性の断絶が起こり、主体性をもった一人の人として子どもを尊重し、彼らが自己発見していく過程に、悩んだり感動したりしながら最後まで付き添えなくなるからです。残念ながら、現場では関係の断絶が少なからず生じています。それは子どもの側より大人の側の問題です。

3　思春期という時期（ＡＳＵ主任カウンセラー　千原雅代）

（1）不登校は思春期の到来とともに激増する

ところで、不登校は、子どもが前思春期に入る小学校三年生から、本格的な思春期である中学生の時期にかけて激増します。なぜそうなのでしょうか？　その答えの一つは子どもがこれまでとは異なる次元での「私」を生きようとしはじめるということです。思春期は誰にとっても自我意識が高揚し不安定になる時期です。先述のドルト（Dolto, 1979）は、思春期は「帽子が壊れる時期である」と述べています。ドルトがここで言う「帽子」とは、手品で使う帽子ですが、思春期は、この心理的な「帽子」が壊れ、周囲の大人が思ってもみなかったものが出てくる時期であると言われています。これまで両親の価値観のなかで生きていた子どもが自立しはじめ、それまで心のなかにあった不安や思い、性欲動等が動き出すにつれて、子どもは保護者が思ってもみなかったような行動にでます。その一つが不登校なのです。

このような場合、子ども自身、自分に何が起こっているのかがよくわからず、ひどく混乱していることが多いように思います。彼らは子どもだった自分から脱皮しつつある一方、次に同一化するものが見出せず混乱しています。優等生だった子どもが急に不登校になるのは息切れだけではありません。子どもは新たな生き方を見つけられず、身動きがとれない状態なのです。

こうした激しい揺れを生きる子どもたちについて、山中（一九七八）は、思春期内閉という概念を提唱し、子どもたちがいったん現実から退却し、その間に心の仕事をし、自分の不安や課題を乗り越えて新たな自分となって社会参加を再度開始する過程を描いています。一度社会から身を引いている状態があたかもさなぎのようであるため、「内閉」という言葉が用いられていますが、この概念で理解できる不登校の子どもたちは現在でも多く存在します。その時期をしっかり見守り、こじらせることなく支援することが求められます。

またそれは、新たな視点で世界を眺めるようになりつつある子どもによる、周囲の環境への問題提起でもあります。学校へ行かないことで「学校教育って何？」と問うているのがまさしくそれです。それゆえ、不登校とは、保護者や学校、ひいては社会が子どもたちの声を受けとめ、それまでの在り方を変えていくチャンスでもあるのです。

（2）思春期が激動になる人とならない人

一方、思春期は勉強とクラブに熱中しており、親と仲が良かったという人もいます。この違いはなんでしょうか？

ある男子大学生が語ってくれたことを参考に、これについて考えてみます。この人は、親友に裏切られた体験が衝撃となってうつ状態に陥り、外出できなくなり、ひきこもっていました。紆余曲折を経て再び元気になったときに、彼は「吊り橋を渡りきった」という夢を報告してくれました。その吊り橋のかかっていた谷間は深く、下手をすると落ちてしまいそうで、本当に足がすくんだものの、なんとか幸運にも渡りきったところで目が覚めたそうです。

思春期とは、人間存在という深みに向かって開かれた谷間を渡る時期といえるでしょう。人間とは何か、生きるとはどういうことか、といった実存的な問いに開かれることはまさしく谷間をのぞき込むに等しいことです。また子どもたちは、他者への憎しみや羨望など、自分の心のなかにうずまく悪の問題に向かい合うことにもなります。こうしたイメージを用いた理解は、心的現実という考え方になじまない人にはエビデンスがないと批判されますが、目の前にいる子どもを理解し寄り添っていくうえでは、大事で基本的な視点であると考えます。

ＡＳＵに来る子どもたちは、その下にある谷間が見える人たちです。自覚的に悩んでいるかどうかは別として、「自分って何？」「大人って何？」「自分はこの先うまくやっていけるのか？」という問いが必ずと言っていいほど背景にあります。なかには、「この世のなかは大丈夫なのか？」「この食べ物は大丈夫か？」と、本人を取り巻く環境そのものが不穏なものとして体験されていることもあります。そんなことがあるはずがないと大人は一笑に付したりしますが、子どもたちの不安はまさに真剣なものです。決してそれを軽く見てはなりません。そもそも谷底が見えるのも一つの力です。下が見えない人たちはまっすぐ前に伸びる道だけを見ているために、そう不安にならずに済むのかもしれません。どちらがよいなどとは簡単には言えません。

（3）思春期を生きる

この時期をどう生きるかは、不登校の子どもたちがその後の人生に大きくかかわってきます。ある男子中学生E君は、ＡＳＵに通っている間は非常に反抗的で暴言をよく口にしていましたが、担任教師にさまざまな思いをぶつけ、それを受けとめてもらうことを通して、見違えるほどに成長していきました。高校に進学したのちはクラブや勉学に精を出すようになり、高校では「不登校だったとはまったく信じられない」と言われています。

ＡＳＵに来た当初のE君は、何もかもを疎ましく感じているようでしたが、そうした気持ちになったのは小学校四年生ぐらいからでした。自我が芽生えはじめ、学校や大人に批判的な視点が生まれ、どうにもこうにも気持ちが抑えられなくなったのだろうと思われました。E君は、幸い、信頼できる担任教師と出会い、成長していってくれましたが、そうした出会いは本人の変化および家族の変化へとつながっていきます。その過程を生き抜いていくことが不登校を生きるということです。この過程は本当に苦しく大変ですが、しっかり不登校を生きた人ほど、そののちの人生が豊かになっておられるように思います。

(4) 内的な価値観の育ち

このように、自分の価値観が生まれつつある思春期の子どもたちは、親や友人、大人とのかかわりのなかで、自分と向かい合い、やっぱりこうだ、というものを見つけていきます。そのときに、「本当にそうだね」と心の底から言ってくれる他者の存在は重要です。また同時に、「それはどうなの?」と自分をかけて向かい合ってくれる他者の存在も欠かせません。

一方、日本人の傾向として、自分はこう生きるという内的価値観や強さをもつよりも、目立たない自我の方がよいとされる風潮があります。一見、個人の自由が高まったようで、みな同じような流行を追い、むしろ価値観は画一化されている面もあります。たとえば、学校では、保護者が周囲から浮くことを心配するあまり、みなに合わせて授業参観時に私語をすると聞いたことがあります。すなわち、授業中に話してはいけないという規範よりも仲間から浮かないことを大事にしているといえましょう。日本人には内的規範に基づいた父性の確立、個として生きる強さが必要だといわれますが、これはそのまま大人にも求められている課題ではないかと思います。

4　子どもと家族（ASU主任カウンセラー　千原雅代）

(1) 子育ての課題

子どもを取り巻く環境のなかで、もっとも影響力が大きいのは家族です。それを短絡的に考えると、子どもが不登校になるのは親の育て方が悪い、という極論になりますが、実際はそうシンプルに結論づけることはできません。子育てのあり方が大きく影響するのは事実ですが、他の多くの保護者とそう変わらない子育てをしているのに、子どもが不登校になることがあります。また、家庭環境が混乱し、精神医学的にみて保護者に心理的な課題があったとしても、不登校にならない場合もあります。したがって、「子育てに問題があるがゆえに不登校になる」といった単純な図式は成り立ちません。一〇〇組の親子がいれば一〇〇通りの子育てがあるのであって、長い目で見ると、不登校を生き抜いて大成している人も多くおられます。

一方、逆に子どもが不登校になったことによって、家族内の、あるいは保護者個人の抱える葛藤が顕在化し、これまでは避けてきた問題に直面せざるを得なくなることは頻繁にあります。これまで避けてきた夫婦の対話がはじまることもあれば、祖父母との葛藤が顕わになることもあります。子どもが不登校になるということは、家族内に爆弾が落ちるようなものですが、筆者の経験では、保護者がその衝撃を受けとめ、保護者自身の課題としてもとらえようとする場合、子どもの不登校は解消していく可能性が高いといえます。

ところが、自分と向き合うことは本当につらく苦しいことで、どうしても自尊心が傷つかざるを得ません。こうした心の仕事を保護者一人で行うのは至難の業であり、保護者自身が受けとめられ一緒に考えてくれる人と場が必要です。不思議なことに、保護者の心の仕事が進むと、子どもが思いがけない一言を発することはよくあります。

ある小学校高学年の不登校の男の子Ｆ君は、こうした時期に「僕が学校に行かれへんのは、家に不安があるせいや！」と家のなかで叫びました。この一言は両親の心に深く突き刺さったそうで、家族関係はこれを機に変わりはじめました。子どもは五歳にもなれば親の機嫌を敏感に察知し、親の気持ちに配慮して動きます。親を気遣って言わないことも多く、「なんか違う、なんかもやもやする」と感じていても、ほとんどそれを口に出しません。言えば親が傷つく、あるいは自分に手痛いしっぺ返しがくるということをよくわかっているからです。一方、それが言葉になり、真に親の心に届けば、その瞬間、親子関係は一つことりと何かが音を立てて動くように、変化します。この過程も非常につらく苦しい過程ですが、不登校を生きるとは、こうした家族力動の変化を生きることにほかなりません。

（2）思春期の親離れ・子離れ

もう一つ家族に関してテーマになるのが、思春期の親離れ・子離れです。乳幼児をもつ親は子どもと一体化した世界に生きており、子どもが自立していくことに深い寂しさを覚えるでしょう。一方、子どもの側もまだ頼っていたいけれども、自分の領域を侵されては困るというアンビバレンスのなかにいます。勢い、親子関係は不安定にならざるを得ません。

また、親は、知らず知らずのうちに、子どもを自分の価値観の世界に取り込みます。こうなってほしいと思い、「私の言うことを聞かないなんてお前は悪い子だ」といった言い方をすることとすらあります。しかし、それでは子どもの主体性は尊重されていません。時には指導しようとする教師の言葉が「私の言うことを聞かないあなたはだめだ」という形で、保護者の姿と重なって子どもに聞こえていることがありますが、そうなると、子どもは自分を守るために反抗するか、閉じこもるかしかありません。壁になることは不可欠ですが、子どもが主体的にその意味を知り、納得せねば、意味がありません。

思春期の親離れ・子離れの指針は「違いがわかる」ということです。子どものことを理解したいと思いつつ、しかし子どもが言葉では語らぬため、気持ちがわからず悩む保護者は少なからず存在します。子どもは大事な両親だからこそ思いを言えず、深く苦しんでいるのですが、「ああ、そう思っていたのか」といった、人としての違いがわかるような対話、時には命がけになるような対話があるところにこそ変化がうまれてくるように思います。それが可能になったとき、子どもはようやく息をつくことができ、そこから自分でいいんだ、という安心感を得ていくようです。

(3) 子どもとの対話とは？

子どもが不登校になるということは、保護者にとっては晴天の霹靂であり、多くの保護者は、パニックになり、焦り、叱責したりなだめすかしたりして、何とか子どもを動かそうとされます。しかし、それで不登校が解消することはあまりありません。

そこで、次に保護者は、子どもの気持ちを聞こうと子どもとの話し合いを試みられることがあります。ここでよく問われるのは、「なぜ学校に行けないのか？」です。何か嫌なことがあったのか、いじめがあったのか等々。しかし、なぜ行けないかは子ども本人にもわからないことがほとんどです。なぜ行けないかといった学校の話題よりも、むしろ、これまで何を感じてきたのか、今何を感じているのかといった本音を語ってもらうほうがよいのですが、それが語れる関係へと変えていくことがまず必要です。

この点について、複数の保護者は、「この子はもうしばらく学校には行かないだろう、それでいいと、私が腹をくくったら子どもが話すようになった」と語っています。親子関係の深さがここにも現れていますが、登校するか否かよりも、もっと本質的なことを聞く態勢が大人にできてはじめて、本人にも変化が生じてくるように思います。

5　不登校支援からみえてくる学校

（ＡＳＵ主任カウンセラー　千原雅代）

学校は行くのが当たり前というのが多くの子どもの認識です。しかし不登校の子どもたちのように学校に行かない場合、当たり前だったことがもう一度問われることになります。「勉強は必ず学校でせねばならないのか?」「何のために学校に行くのか」等々。さらには、学校は何かおかしいと感じ、それを教師にぶつけて、その対話のなかで成長することもあれば、さらには学校の影の部分に問題提起がなされることもあります。以下では、こうした子どもたちや保護者から提起されている問題について取り上げ、不登校から見えてくる学校について考えます。

（1）「学校で勉強する意味がわからない」

不登校の原因を学校に求める学校要因論という考え方がありますが、不登校を社会病理現象の一つとしてとらえる考え方が一九七〇年代から増えてきました。それを児童精神医学の立場ではじめて提唱したのは、渡辺（一九八二）でした。論旨を要約すると、「高度経済成長のなか、学校教育はそれに向けた人材育成をめざし学力を偏重するようになった、家庭も高学歴志向の潮流に巻き込まれ、ひたすら形式的通学・進学に執着し、一人ひとりの意思や意欲にかかわらず、ベルトコンベアー式に上級学校へ追い込んでいる。それゆえ、自己喪失の危機にさらされた子どもたちは自己を守るために学校に行かないという行動をとっているのである」とされ、学校へ行かないことは積極的に評価されています。こうした学校教育観は多くの不登校当事者の支えとなり、フリースクールの開校へとつながりました。

現在も、学校は子どもたちを学歴社会の価値観のなかで教育する側面を強くもっています。創造力・問題解決能力・コミュニケーション力といった社会で求められる力をめざしてはいても、いつのまにか子どもの個性を育むよりも、学力をつけることが教師の間でも当然の目標とされ、しばしば子どもたちは勉強が将来にどうつながるのかが見えないまま、机に座っている状態になっています。たとえば、科学技術振興機構（二〇一二）による「理科教育実態調査」では、「学習したことが普段の生活のなかで活用できないか考える」と答えた生徒は四一％、「好きな仕事に就くのに役立つ」と答えた生徒は二八％となっています。第一次産業につくのであれば、目の前で熟練者から学ぶことは、直ちに自らの力量アップにつながりますが、現在のように第三次産業が社会の中心を占める時代には、学校で学ぶことの意味が子どもたちに見えにくくなっていることが、このデータから読み取れます。

ＡＳＵに来る子どもたちも、「なぜ勉強しないといけないのか？」と問うことがあります。「私は美容師になりたいのに、なぜ英語を勉強しないといけないのか？　英語が話せない大人もみな立派に生きているじゃないか」というわけです。視野が狭いと批判することは簡単ですが、彼らの言うことにも一理あります。「将来必要だから。高校ぐらい出ておかないと職に就けないから」といった理由では彼らは納得しません。子どもたちは、高学歴である大学を出ても、それが必ずしも心の幸せにつながらないことを、体感してしまっています。なのに、大人はなぜこんな教育システムを作ったのか？　という問いがその背後にあるのです。それにはそれぞれの立場で自分の経験をもとに真摯に答えていかねばなりません。

(2)「勉強」と「学ぶ」こと

ＡＳＵに来る不登校の子どもたちは、学ぶことに意味を感じていないわけではなく、また学歴社会のなかで生きていかねばならないことも知っています。しかし、現在の学習に違和感をもっていることも事実です。その理由の一つは、授業のなかに、学校教育学者の佐藤学（二〇一二）が指摘しているような、生徒の主体性を尊重し対話に基づき公共性を育てるような、「学び」が少ないことがあげられるかもしれません。

佐藤（二〇一二）は「あらゆる学びは新しい世界との出会いと対話であり、対象・他者・自己との対話による出会いと関係の編み直しであり、対話と協働によって実現している。学びは師と仲間を必要としており、その根本において共同的である」と述べ、協働的学びによる授業改革を実践しています。佐藤（二〇一二）は、こうした授業方法である学びの共同体の学校改革が成功すると、一人残らず子どもが学びに参加し、問題行動や不登校が激減すると述べています。この結果は着目するに値すると思います。筆者は初中等教育については門外漢ですが、臨床心理学の立場から「学ぶ」ことを考えた場合、他者との対話による新たな疑問やアイデンティティへの揺さぶりが生じること、そして子どもが主体的にその活動に参加し自ら考えることで、新たに自分の視点ができていくことに根本的な意義があるといえます。

あるＡＳＵの卒業生は、卒業時点ではテストによる成績評価は最低点に近い状態でしたが、通信制高校に進学し、社会に出てから、他者とのかかわりのなかで、言語化する力や論理的思考力、あるいは幅広い視野の必要性を感じ、再度、自ら学びはじめました。学歴をつける目的もありますが、何よりもよい仕事をしたいという強い思いのもと、仕事をしながら就学中です。他者とのかかわりのなかで意欲的に学び、社会で生きる力を身につけることは、いつでも始められると、この人は証明してくれました。ここにあるのが真の学びではないかと思います。

（3）子どもの主体性を尊重する教育理念

現在、学校自身、個性を育成する余裕を失っていると感じることがあります。教師は学習指導、生徒指導、事務作業などに追われて多忙であり、この生徒を卒業するまでに何とか育ててやりたいとの思いから、手を出さずに心をかけて見守るよりも、どうしたらいいのかと次々と手を打つようなかかわり方が中心になっているようにみえます。

しかし、個性を育成するためには、子ども自身が失敗し、自分を発見しながら主体的に考え決定する時間が必要であり、また大人もある程度振り回されるようなゆとりが必要です。

また教師自身の価値観が子どもの個性育成を阻んでいることもあります。たとえば、学校に行くことは当たり前だという価値観が一般的ですが、一人ひとりに即して考えると、学校に行かないという主張が、本人にとっては生まれてはじめての大人への自己主張であり、そのことに意味がある場合があります。また、自傷や他傷が激しく、自分の存在理由に自信がもてない子どもたち、すなわち生きるか死ぬかの瀬戸際にいるような子どもたちは、学校へ行くどころではありません。それゆえ、子どもの行動の意味をまず知り、刻々と変化する子どもの気持ちに寄り添いながら大きくどんと構えて待つようなゆとりが学校には求められると思います。それは放任とは異なります。

こうしたゆとりがない一つのサインは時期尚早であるのに学校復帰を求めることです。教師や保護者が学校復帰に向けて誘導しようとすると、それが敏感に子どもに伝わり、子どもが頑張って登校を再開することはあります。しかし、その場合には、いずれまた同じ状態になる可能性が十分あります。ＡＳＵでも、自分がまだ確立されず、葛藤も解消せぬまま、学校へ復帰し、再びＡＳＵに戻ってきた子どもたちがいました。そのように急がせるのではなく、子どもたちの真の成長が可能になるような理解と支援が必要です。そのようにのんびりしていては高校に進学できないという批判がありますが、現在進路は多様化しており、通信制の高校や大学入学検定試験もあります。真に子どもがやりたい、あるいはやらねばと思うときに学べる環境があるのが一番ではないかと思います。啐啄同時に、登校へ向けての取り組みを行うことには意味がありますが、いくら引っ張っても植物の伸びるスピード以上には育たぬのと同様、子どものペースを大事にすることが基本です。

（４）不登校の子どもたちにとっての学校

不登校の子どもたちは決して学校を軽視しているわけではありません。週末など学校が休みになるとほっとする、という子どもは少なからず存在します。学校に行くのは当たり前で、行けない自分はダメな人間だ、と考えているからです。

学校教育の意義は、自己肯定感をもちながら、周囲との相互関係のなかで主体的に自己形成し、社会性を育むとともに、主体的に未来を選択できる力を養うことです。友達がいて楽しい、みんなでやることが楽しい、勉強がおもしろいといった何か「良いこと」があれば、子どもたちは学校へ行きます。しかしながら、不登校の子どもたちの場合、この「良いもの」が個々人の心のなかにあまり見つかっておらず、それを学校生活において見出すことができないことが多いのです。実際に学校にそれが乏しい場合もあります。

また、学校教育の影の部分に不登校の子どもたちは敏感です。そうした影の部分へのアンチテーゼとして立ち上げられたのがフリースクールですが、その代表である東京シューレでは、二〇〇九年に「不登校の子どもの権利宣言」が出されています。それは、子どもの主体的な尊厳を守ってほしいという内容ですが、この点を今後の教育では大事に考えていく必要があると考えます。

6　なぜ今ASUが必要なのか？

（ASU主任カウンセラー　千原雅代）

（1）不登校支援は今どのように行われているか

現在、不登校支援は多くの場で行われています。その中心は学校であり、学校教師はもち

表1　さまざまな不登校支援の場

スクールカウンセラー（SC）	各学校に週1回ないし隔週で来ている臨床心理士等，心理の専門家。保護者や本人とカウンセリングを行うほか，訪問面接や教員とのコンサルテーションなどを行う。
スクールソーシャルワーカー（SSW）	児童虐待を含め，福祉や公的機関との連携や知識が必要なケースについて対応する学校社会福祉士。
教育支援センター（適応指導教室）	各市町村や都道府県が設置している不登校の子どものための居場所。主として教職経験者や指導主事が中心となって運営される。通うと学校長の裁量で学校への出席扱いとなることが多い。
教育相談（総合）センター	公立で無料で教育相談が受けられる。主として，臨床心理士や指導主事，教職経験者が対応する。
大学付属の心理相談センター	有料でカウンセリングを受けることができる。大学院生が担当する場合がある。
病院（精神科・思春期外来）	思春期外来をもつ精神科は少ないが，思春期臨床の経験豊富な医師がいる。
民間 NPO	不登校の子どもを支援するための合宿やカウンセリングなどを提供。有料であるところが多い。
フリースクールやサポート校	全国に400あまりあると言われている不登校の子どもための独自の学校。代表は東京シューレ。

ろん、表1にあげた専門家が不登校支援に取り組みさまざまな専門機関が存在しています。

それでは、これらの支援でどの程度の成果が上がっているのでしょうか？　文部科学省問題行動調査（二〇一四）によれば、現在、不登校が解消する割合は、全体の二五～三〇％程度です。近年は、フリースクールや教育支援センターへの参加が学校への出席と認められることが多く、学校への登校再開にまでは至らないものの、改善傾向を含めると、五〇％になります。課題は残り五〇％の子どもたちにあります。

このなかには自己主張は苦手だけれども繊細で誠実かつまじめな人が複数います。社会では明るくてきぱきとコミュニケーションできる人がよいという風潮がありますが、彼らが感じているもののほうが大事だと感じることも少なくありません。それゆえ、登校再開がすべてではないのですが、こうした子どもや保護者とつながり、彼らと対話しながら、彼らが参加しようと思うような居場所や学校、ひいては社会をどう作るのかが、現在の不登校支援の大きな課題なのです。

(2) 支援に必要なこと

それでは、支援においてあらたに何が必要なのでしょうか？　最も重要なことは、子どもや保護者へのかかわり方の質を高め、深くかかわり、心理的な居場所になることです。具体的には、家庭環境を含めて適切な児童生徒理解をもち、そして当事者に自己決定できるようなゆとりが生まれるべく、関係を育む支援が基本と考えます。

さらに、余力のある子どもたちには、主体性形成や進路選択につながるような自ら学ぶ力を引き出す学習や人間関係の体験が求められます。それは進学に向けた学力形成だけではなく、体験を通して自らを知り、人間が生きることについて考え、社会性を育めるような学びであり、人とのかかわりのなかで課題を創造的に解決していくような学びです。文部科学省(二〇〇三)は、専門家会議答申として「不登校への対応の在り方について」という通知を出していますが、そのなかで、将来の社会的自立に向けた支援として、心理的な側面への支援に加えて進路形成の問題としてもとらえる必要があることを指摘しています。子どもを学歴社会のエスカレーターに乗せるのではなく、子ども自身が、主体的に進路選択できるような学ぶ力を育てることが必要であるとの指摘です。

まずは安心できる場を創り、主体的に生きる力を育むことが第一であり、その次に、学ぶ力を育てていける支援が必要なのです。その順番を間違うと子どもを追いこむことになります。

（3）現在の支援制度の限界

それではこうした支援は学校や教育支援センターでは難しいのでしょうか？

現在、学校では、児童生徒が不登校になると、担任教師が家庭訪問をし、信頼関係を育みながら子どもが元気になるにつれて、登校再開に向けての取り組みを行うというかかわりが一般的です。またＳＣやスクールソーシャルワーカー（ＳＳＷ）も教師との連携のもと家庭訪問し面接を行い、本人や保護者とつながっていくこともあります。

こうした支援を適切に進めるためには、初めの段階での適切な理解、すなわちアセスメントが必要であり、どこでどういう支援を行うのかという方針決定が不可欠です。そこには精神科医や臨床心理士などの専門家がかかわる必要があります。子どもの生育歴や今の状況を適切に理解したうえで、学校や家庭などの環境調整を行う必要があるのか、本人の思春期危機の支援にカウンセリングを準備したほうがいいのか、教育支援センターのような集団活動のある場に紹介したほうがよいのか、SC、SSW、あるいは民生委員や福祉と連携しながら学校で対応するのか等々、学校および本人や保護者と一緒に考えていかねばなりません。残念ながら、学校ではこうした初期アセスメントが不足していることもあり、また適切に方針を立てたとしても、次につなげる場が不足しているという切実な問題があります。

また学校も他機関を紹介し連携することを躊躇し、ともすれば何とか学校だけで対応しようと奮闘されることがあります。しかし、不登校支援においては、場合によっては家庭の課題にかかわり、本人や保護者と深い安定した関係性を育まねばなりません。すなわち、場合によってはインテンシブなカウンセリングや、教師との深い人間関係の形成が必要であり、多忙な学校だけで対応するには非常に厳しいものがあると言わざるを得ません。学校にはSCがいるのですが、非常勤で多くとも週一日六〜八時間勤務という限界があります。

それゆえ、先の答申に示された「多様な機関における連携ネットワークによる支援」「進路形成に向けた視点」がある学校外の子どもたちの居場所が必要です。ただし、その基本は子どもたちが安心して自分自身でいられる居場所であることが基本です。

（4）ASUという新しい学校

このように、心理的な居場所となることをめざして、相談機関を併設し、教育と緊密な連携をもちながら、子どもの主体性形成にみながかかわっていく、そうした学びの場をめざして設立されたのが「ＡＳＵ」です。ＡＳＵは弾力化したカリキュラムによる授業を行い、学力補充のみならずさまざまな体験活動を通して「教育的に主体性形成を行う場」と「カウンセリング」との二つからなっています。不登校の子どもたちは、「私」というものをつかむために苦闘しているところがあり、しっかりとかかわり、じっくり向かい合ってくれる他者を必要としています。また、家庭への支援がなければ子どもが一歩を踏み出せないこともよくあります。こうした心理的支援を行うためにはまず少人数である必要があり、それをもとに自分の未来を開いていく学力を育むことが不可欠です。多忙な学校では難しいきめこまやかなかかわりができ、従来の学校教育の価値観も問い直しながら教え育てる場、それがＡＳＵです。

それゆえＡＳＵの教育理念は、フリースクールのそれに近く、子どもの主体性を尊重し、子どもたちが自分で考え発見し、自分の生き方を見出していくことを支援することです。仮に子どもが茶髪にしてきたとしても、すぐに指導するのではなく、本人と対話し、自分を大事にできるようになってそれを手放せるまで、本人の主体性に任せるような、幅をもたせた育ちをめざしています。

加えて、カウンセリングステーションが併設され、入室に際しては、すべての子どもに対してＡＳＵのカウンセラーが入室時にアセスメントを行い、医療機関との連携や個別カウンセリングを行うのかどうか、個別対応から始めるのか集団参加を促すのか、一人ひとりに応じて判断し、その体制を整えるよう努めています。ＡＳＵでもカウンセラーは非常勤で面接枠は足りないのが現状ですが、両部門が一つのところにあるため、連携が取りやすい状況にあります。

一方、教師は毎日、子どもの様子について情報交換を行い、子どもへの理解を深めているほか、カウンセラーとも連携し、子どもや保護者の生きている成長過程という大きな一つの流れのなかに、みなが参画し、議論しながら、生きることをめざしています。

ところで、こうした活動は、フリースクールや教育支援センターにおいても実現可能です。しかしＡＳＵのような特区学校では、弾力化したカリキュラムでの内申書が作成でき、成績評価ができる点が異なります。フリースクールを卒業すると、中学卒業認定試験などを経て高校進学することができますが、在籍小中学校のテストを受けない限り内申書の成績は低くつけられます。一方、特区学校では市内の公立学校と成績評価基準をすり合わせたうえで、そこでの弾力化されたカリキュラムに基づいた成績評価が可能です。特区学校の場合、主体性形成にかかわるような学びに基づいた進路形成に向けての支援が、独自で行えるのが大きな違いなのです。

またカウンセリングステーションと密に連携をとることで、児童生徒への理解を深めていくことができます。外からの風を入れることで、学校教育では当然とされていることについて改めて検討し考えていくのもＡＳＵの特徴です。

詳しい取り組みは次章以下で述べますが、いわばＡＳＵはフリースクールと公教育のはざまに位置するような、新しい実験的な学校です。公立学校にはない自由度と専門的支援を兼ね備えた、不登校支援専門の学校がＡＳＵなのです。

第2章　ＡＳＵでの取り組みについて

1　ＡＳＵのめざすもの（ＡＳＵ主任カウンセラー　千原雅代）

（1）子どもと保護者が元気になることを支援する

ＡＳＵの一つ目の目標は、子どもや保護者が元気になられるのを支援することです。そのために、子どもや保護者自身のペースを大事にし、甘えているなど価値判断をするのではなく、その人がそのように生きざるを得ない状況であると理解し、そのまま受け入れることを大事にしています。ＡＳＵに来る子どもたちは、自分に自信がなく、人間関係に不安を抱え、他人への、あるいは自分自身への信頼を失っていることがほとんどです。こうした子どもたちが、まず「自分は自分でいい」という安心感を体験でき、楽しいと思ってくれる場をつくることがＡＳＵの第一目標です。子どもたちは、ＡＳＵでスタッフにそのまま真に受け入れられたと感じ、友達と好きなことを共有し、新しい学びを得たりすると、「ここにいると楽しい」と感じることが多いようです。

こうして安心できるようになると、それまで自分を出せなかった子どもたちも、そのままを見せてくれるようになり、友人とぶつかったり大人への不満や怒りが出てきたりと、さまざまな気持ちの揺れを体験していきます。そのなかで、悩みつつ、スタッフや保護者と対話し、互いに考えながら、自分はやっぱりこうする、こうしたいと主体的に生き方を決めていくようになることが多いように思います。ときどきは、思い切って勇気を出さねばならない局面もありますが、スタッフがその揺れを丁寧に受けとめ、主体的な決断を待つことで、子どもたちは、自分には越えられないと思っていた壁を越え、自信をつけていくように思います。このように主体的に生きる力が育まれてくると、子どもたちは生き生きとしてくるのですが、その姿には日々こちらも力をもらいます。子どもたちのこうした力を育む場になることが、ＡＳＵのもっとも大事にしている目標です。

また保護者も同様です。落ち込んだりいらだったりしている保護者も、子どもたちがＡＳＵに来るようになると、「子どもがどこかに通ってくれた」「将来に希望が見出せる」「子どもが明るくなった」と感じてほっとされ、その後、保護者自身の悩みが語られることも少なくありません。焦りや不安から子どもを追い込むような言葉を言ってしまい、それに落ち込むといった気持ちの揺れをそのまま聞かせていただき、子どもをどう理解するのか、どうすればよいのかを、ＡＳＵのスタッフは保護者とともに考えていくよう努めます。そうして子どもが元気になり、思春期の親離れと子離れなど親子関係の変化が実感されてくると、保護者自身が子育ての自信を取り戻していかれることが多いように思います。

（2）個性と学ぶ意欲を育てる

高校進学のために学力をつけることは大事なことですが、教育の本来の意味はそれだけではありません。知識偏重教育ではなく、子ども自身の個性が育まれ、主体的にやる気が起きるような学習が必要です。「不登校への対応の在り方について」（文部科学省、二〇〇三）においても、自ら学び自ら考える力なども含めた「確かな学力」の育成がうたわれています。それはかつて総合学習でめざされたような、「自ら課題を見つけ、自ら学び、自ら考え、主体的に判断し、よりよく問題を解決する資質や能力」「学び方やものの考え方を身に付け、問題の解決や探究活動に主体的、創造的、協同的に取り組む態度」にも通じるものであり、自分で考える力といってもよいものです。

ＡＳＵでは、この「確かな学力」育成のため、体験型学習を重視しています。それが、「あゆみタイム」という心理教育的なプログラムであり、子ども一人ひとりの関心に応じた「チャレンジタイム」、および生活体験や興味関心の幅を広げるための「体験活動」です。その各プログラムを通して、机上の勉強ではなく、体験を通して自分を知り、他者や自分をとりまく環境について理解していくような「生きた知」の習得をめざしています（本章第3節、第4節参照）。

なお、こうした授業があることで、子どもたちが自分を測る物差しが多様化することも目標の一つです。学力という単一の物差しではなく、生活能力、想像力、そして人間としての誠実さや優しさといった多様な観点から、自分や他者を柔軟に見られるようになることが目標なのです。

また、体験学習は「私は私でいいんだ」という自己肯定感を育むこともめざしています。それはアイデンティティの感覚の基礎となり、それがあってはじめて未来への希望が生まれてくるからです。次に述べる高校進学のための学習への動機づけは、それなくしては厳しいといえるでしょう。

（3）進路選択できる力を養う

「私は私である」という感覚の根源は、目標に向かっての主体的な自己形成によって支えられます。すなわち自分がどこに行き、何をしたいかがわかっていれば、子どもたちはそれに向かって頑張れるようになります。自分も誰かの助けになりたい、〇〇になりたいといった未来への展望、それに向かって自分は歩みつつあるという感覚があることは、個を育むうえで、大きな支えになるのです。

森田（二〇〇三）は、中学三年生時に不登校だった人の追跡調査を行い、望み通りの仕事や学校に出会い、社会的に自立し居場所を見つけている人のほうが、不登校であったことを肯定的にとらえているという結果を報告しています。進路が開かれ未来に希望をもてるということは、社会の一員として参加できるという可能性や、そこに「私」が生きる物語が生成する可能性を意味します。その意味でも、不登校支援において進路形成は大事な要素なのです。そのため、ＡＳＵでは押しつけの学習ではなく、子どもたちが必要性を感じ、主体的に学ぼうという動機をもって学び、主体的に進路選択していく過程を大事にしています。

（4）臨床の知という考え方

これらの目標に向けてＡＳＵが大事にしているのが、臨床の知という考え方です。教育現場では、「どうすれば子どもを変えられるのか？」「やる気のない子どもにどうすればやる気を出させることができるのか？」と問われることとありますが、そこには、子どもを変える方法が何かあるはずだ、その方法を学び実践すればよいのだ、という考え方があります。こうした考え方は科学的な考え方に基づいています。万人に適用できる方法があるという考え方です。一方、哲学者の中村雄二郎（一九九二）は、これとは異なる事象理解について考えています。それが「臨床の知」という考え方です。臨床の知という考え方の基本は、人の心の育ちにはマニュアルはない、という考え方に通じます。

もう少し詳しく考えてみます。科学という学問は、主体と客体、観察するものとされるものとの関係性を切ったところから始まります。たとえば、りんごが木から落ちるという事象があったとして、その事象は誰が見ても、同じように観察されると考えられています。科学論文で重要視されるのは、その現象の再現性ということです。誰が見ても何度も同じ事象が再現されるからこそ、普遍的な法則を見出すことが可能になります。すなわち、観察者と観察されるものの関係性は切れています。

一方、人が相手の場合にはそうはいきません。ある人はかかわる人の心性によって異なって見え、そこに生まれる関係性も異なってきます。すなわち、人間関係においては、観察するものとされるものとの関係性は切れていないのです。その結果、人は一人ひとり違うということを前提に、出会う方も関係形成の一端を担うものとして自分が存在していると考えることになります。

現場ではよく知られていることですが、こちらの在り方によって、子どもが見せる姿、語る内容が変わってきます。ある先生には反抗的でも、別の先生をとても信頼しているということは十分あり得ます。それゆえ、子ども一人だけを取り上げてこの子はどんな子か？と問うのではなく、関係性を視野に入れて、子どもとかかわるスタッフ自身をその一要因として考えねばなりません。

それゆえ、子どもを多くのスタッフの目で見て、異なる見方や理解があったとしてもそれを否定せず、自分の見解との違いを考え続け、全体として、一人の子どもへの理解を深めていくことが大事なのです。

（5）大人自身が問われる日々

こうした考えにたつと、子どもたちがどういう人であるかのみが問われるのではなく、子どもたちにとって自分はどう見えているのか、逆に自分には子どもたちの何が見え、何が見えていないのかを各スタッフが考えることになります。すなわち、教師やカウンセラー自身の在り方が問われるのです。これはなかなか大変なことですが、安易に答えを求めるのではなく、常に迷い、常に悩むことにこそ意味があると考えます。河合（一九九九）は、不登校について述べるなかで、「大人が子どもに振り回され悩み苦労している間に、子どもの個性が育っていく」と述べていますが、多少振り回され、子どもが育っていけるよい土壌になるということが目標なのです。どのようなカリキュラムがあるかも大事ですが、どのような人がいるか、ということのほうが大事です。

大人が子どもを見守り導く面はもちろんありますが、子どもの心の成長という大きな流れに、スタッフも参加し、卒業時には双方ともに新たな学びを得て、互いに成長していくのがＡＳＵのめざすところです。

なお、これまで述べてきた支援を実践するために、ＡＳＵは原則として少人数制をとっています。最初から集団参加ができない子どもがいると、個別対応をする必要があるためです。個別対応が増えると教師は授業の合間を縫って子どもたちの話を聴き、学習指導を行います。またカウンセリングステーションはほぼいっぱいの状況です。多忙な学校に比べてそれだけ手厚くかかわれるのだから、結果が出て当然だという見解がありますが、ＡＳＵでの経験では、少人数制だから﹅﹅﹅うまくいくともいえません。基本理念の徹底とその理念がどれだけ実践されているかが、やはり大きなポイントであると考えています。

（6）ＡＳＵのめざすものと当事者の求めるもの

さて、それでは本節の最後に、ＡＳＵのめざすものと当事者が何を求めているのかという研究とを比較しておきたいと思います。先に紹介した文部科学省の追跡調査報告書（二〇一四）では、中学三年生のときにあればよかったと思う支援として、表2のような項目が上がっています。

そのなかで、心の悩みについて相談できる場所、人との付き合い方についての指導を求める人が約三分の一、また学校の勉強への支援や、友人と過ごせる場所を求めている人が、約四分の一存在します。この結果は、子どもたちが心理的な支えを必要としていると同時に、同年代との人間関係および進路形成にかかわる支援を求めていることを示しています。特に

表2　中3のときにあればよかったと思う支援

あればよかったと思う支援	全体に占める割合（%）
心の悩みについての相談	32.9
人との付き合い方についての指導	31.6
学校の勉強の支援	25.2
友人と過ごせる居場所	25.2
生きていくためや仕事に役立つ技術や技能の習得についての相談や手助け	23.4
進学するための相談や手助け	21.7
規則正しい生活習慣についての指導	9.2
そ の 他	5.3
特になし	32.9

出所：不登校に関する実態調査（H18年度不登校生徒に関する追跡調査報告書）（文部科学省，2014）

なしと答えた人が約三分の一存在することも丁寧に考察せねばなりませんが、この数字は、放っておいても一人で何とかなると考えるよりも、支援に希望を見出していない背景があると考えることもできます。

ともかくこのデータが示しているのは、子どもたちの主体的な自己確立と安心感の回復、人とかかわっていきたい気もちがある一方で、かかわれない苦しさへの支援がまず必要であること、そして進路形成が大事であるということです。ＡＳＵの方向性はこの結果からも支持されているように思われます。

2　ASUの日々（ASU教師／ASU主任カウンセラー　千原雅代）

(1) ASU創設とその特徴

① ASU創設の経緯

構造改革特別区域となった大和郡山市は、奈良盆地の北部に位置し、一九五四（昭和二九）年市政以来約六〇余年、現在人口約八万九千人の中堅都市です。本市においても激変する社会状況や多様な価値の混迷、人間関係の希薄化などは少なからず子どもたちの意識や生活に影響を及ぼし、不登校の児童生徒数は増え続けていました。

そこで大和郡山市では、一九九七（平成九）年度、一人ひとりの成長のスピードが異なる不登校児童生徒が安心して過ごせる心の居場所として適応指導教室「あゆみの広場」を設置するとともに、スクールカウンセラーの全中学校区への配置、体験活動支援事業、少人数指導推進充実事業など、多角的な不登校施策を展開してきました。しかし、不登校児童生徒数は減少せず、あゆみの広場に通室する児童生徒のうち学校への完全復帰ができたのは一一・一％という状況でした。

そこで、「一人ひとりの発達状況や抱えている問題を理解し、支援することは、子どもの応援ニーズ（子ども自身が支援を求めるニーズ）に応える教育の出発点」であるとの認識にたって、心理的自立のみならず社会的自立に向けた支援へと「新しい教育のパラダイム」への転換が図られました。

具体的には、不登校児童生徒の新しい学びのスタイルを提供する「不登校対策総合プログラム」（大和郡山市において、不登校への対応を総合的に取り組む計画）が立ち上げられ、国から「不登校児童生徒支援教育特区」（内閣府から認可された教育特区）の認定を受けて、その取り組みが始まりました。そこで生まれたのが、大和郡山市教育委員会学科指導教室「ＡＳＵ（あゆみスクエアユニバース）」です。「ＡＳＵ」という名には、不登校の状況にある児童生徒が生きる希望をつなぎ、明日の世界に向かって力強く羽ばたいてほしいという強い願いが込められています。

② ＡＳＵの特徴

ＡＳＵにおいては、①個の発達に応じた「教育課程の弾力化」、②体験活動の重視、③あゆみタイムの創設、④学習活動等への支援の充実と指導の連続性を重視した「市費負担教員の配置」、⑤ひきこもり状態にある児童生徒に対する「ＩＴ等の活用による不登校児童生徒の学習機会の拡大」、⑥転入学に配慮した「市内通学区域の弾力化」、⑦学びのパートナー（学生ボランティア）によるひきこもり状態にある児童生徒への働きかけや家庭訪問、⑧新しく設置した「ＡＳＵカウンセリングステーション」の臨床心理士による心理的支援、⑨大学教授、臨床心理士などが入るＡＳＵ支援委員会が設けられました。

特に、転入学する場合においては、児童生徒および保護者の意向を尊重しながら、ＡＳＵにおける経過、スクールカウンセラー（ＳＣ）などによるアセスメント、学校関係者等の意見などを「ＡＳＵ支援委員会」において総合し、教育委員会が最終決定を行うこととされました。

さらに、⑩市内学校教員や不登校担当教員との連携をとるための語らい広場の創設、⑪大学教員やＳＣ、保護者を交えた「ＡＳＵ不登校を語るフォーラム」による保護者支援、⑫市内生徒指導部会や公的相談機関、病院や大学付属の心理療法機関との連携による「ＡＳＵ支援ネットワーク」の構築、⑬自己点検および自己評価システムの推進も目標とされました。

ＡＳＵがあることで、児童生徒や保護者への支援はもちろん、ＡＳＵ実現に伴う学校教育の充実および経済的・社会的効果として、不登校児童生徒の減少、学校教員の資質向上等、学校教育の充実、不登校についての社会的認知の深化などもめざされていました。

表3　「ASU」において削除または統合される教科・新設された教科等

削除または統合される教科等	新設された教科等
体育・保健体育科	スポーツタイム
生活科・家庭科・技術家庭科	わくわくタイム
音楽科・美術科・図画工作科	いきいきタイム
道徳・特別活動	あゆみタイム
	チャレンジタイム

（2）ASUのカリキュラムと特色ある教科

ASUでは、個々の子どもに即した個別プログラムを設定し、「生きるための学力」を身につけ、進路展望を見出していけるよう教育活動を展開しています。そのカリキュラムは、特例措置により、子どもの実態に応じ、各教科の一部を削除したり、新教科を設置したり、教科内容を部分的に指導しないこと等を可としています（表3）。そして、ASUでの成績を元に調査書を作成することで、公立高校への受験ができる奈良県下で唯一、全国で四か所のうちの一つとなる学科指導教室です。

新設されたASU独自の教科の一つ、「スポーツタイム」は、身体を動かす楽しさを経験しながら体力の向上や生涯にわたってスポーツに親しむための基礎となる技能を習得すること、さらには、ゲームを通し、ルールの大切さを学ぶことやチームプレイにおけるコミュニケーション能力の育成などをねらいとしています。

同じく「わくわくタイム」は、自然体験や調理実習、製作活動など技術・家庭科の領域を組み入れた活動を行う時間で、パソコンを使ってのプレゼンテーションや木工製作、調理実習などに取り組みます。ものづくりによって判断力や想像力を養い、身体的機能の向上を図るとともに、共同作業を通してコミュニケーション能力を高めるなどの副次的な効果を期待するものです。卒業制作として寄贈された本棚や掲示板など、歴代の卒業生の作品は、今も後輩たちによって大切に使用されています（写真1）。

また、「いきいきタイム」は、音楽、図画工作、美術などの分野での創作や表現、鑑賞を行い、芸術や伝統文化に触れ、表現能力の向上と感性豊かな児童生徒の育成をねらいとしています。

自己表現を苦手とする子どもが多いなか、製作や演奏を通して表現する喜びを味わい、自尊感情を高めることができるよう、教材や学習内容を吟味し、折に触れて発表の機会を設けています。

写真1　卒業制作の木工作品

(3)　ASUの日々

①　ASUでの生活

ASUには市内全校区から通ってくるため、通学に一時間以上かかる子どももいます。また、通学途中で地域の学校に通う児童生徒との接触を避けることで自宅を出る際の心の安定を図る意味もあり、朝の会のスタートを九時二〇分に設定しています。校時表・時間割は次の表のとおりです（表4、5）。

スタッフは来室した子どもを玄関で出迎え、言葉を交わしながら子どもの様子を観察し、心の状態も把握するように努めています。また、来室してから学習に向かうまでの気持ちの準備をする時間を大切に考え、朝の会ではスタッフが交代で絵本の読み聞かせをしたり、ニュースや四季折々の話をしたりして、穏やかに一日のスタートが切れるよう心がけています。

チャイムがないため、各自が時計を見て行動し、お互い声を掛け合ったり、スタッフが促したりしながら授業が始まります。「スタディルーム」と呼んでいる広いワンルームの教室では、学年ごとに違う教科の授業が同時に進行していきます（写真2）。

五教科以外の授業は、学年の枠を越えて三学年一緒に活動するほか、さまざまな体験活動は小学生を含め全員で行うため、いわゆる先輩後輩といった上下関係はほとんどみられません。むしろ、最近では少なくなった異年齢集団での生活や遊びを通し、対人関係のあり方や気遣い等を自然と学ぶ貴重な機会になっています。

また、中学三年生が放課後に勉強をしている姿や模擬テストを受けている姿を下級生は見ており、お弁当の時間にも受験の話が自然と話題に上るため、下級生なりに三年生を気遣い、

表4　平成27年度中学校校時表・時間割

<table>
<tr><th colspan="3"></th><th>月</th><th>火</th><th>水</th><th>木</th><th>金</th></tr>
<tr><td colspan="3">9:20—9:30</td><td colspan="5">朝の会</td></tr>
<tr><td rowspan="3">1限目</td><td rowspan="3">9:30—10:20</td><td>中1</td><td>理科</td><td>数学</td><td>国語</td><td>英語</td><td>理科</td></tr>
<tr><td>中2</td><td>数学</td><td>英語</td><td>理科</td><td>国語</td><td>社会</td></tr>
<tr><td>中3</td><td>英語</td><td>社会</td><td>数学</td><td>社会</td><td>国語</td></tr>
<tr><td rowspan="3">2限目</td><td rowspan="3">10:30—11:20</td><td>中1</td><td rowspan="3">チャレンジタイム</td><td>英語</td><td>数学</td><td>社会</td><td rowspan="3">チャレンジタイム</td></tr>
<tr><td>中2</td><td>国語</td><td>英語</td><td>数学</td></tr>
<tr><td>中3</td><td>数学</td><td>理科</td><td>国語</td></tr>
<tr><td rowspan="3">3限目</td><td rowspan="3">11:30—12:20</td><td>中1</td><td>国語</td><td rowspan="3">チャレンジタイム</td><td rowspan="3">スポーツタイム</td><td rowspan="3">いきいきタイム(音楽)</td><td>社会</td></tr>
<tr><td>中2</td><td>社会</td><td>理科</td></tr>
<tr><td>中3</td><td>理科</td><td>英語</td></tr>
<tr><td colspan="3">12:20—13:00</td><td colspan="5">昼食・休憩</td></tr>
<tr><td rowspan="3">4限目</td><td rowspan="3">13:00—14:30</td><td>中1</td><td rowspan="3">あゆみタイム</td><td rowspan="3">いきいきタイム(美術)</td><td rowspan="3">わくわくタイム(家庭)</td><td rowspan="3">わくわくタイム(技術)</td><td rowspan="3">スポーツタイム</td></tr>
<tr><td>中2</td></tr>
<tr><td>中3</td></tr>
<tr><td colspan="3">14:30—14:40</td><td colspan="5">掃除</td></tr>
<tr><td colspan="3">14:40—14:50</td><td colspan="5">終わりの会</td></tr>
</table>

表 5　平成27年度小学校校時表・時間割

<table>
<tr><th colspan="3"></th><th>月</th><th>火</th><th>水</th><th>木</th><th>金</th></tr>
<tr><td colspan="3">9:20—9:30</td><td colspan="5">朝 の 会</td></tr>
<tr><td rowspan="3">1限目</td><td rowspan="3">9：30—10：15</td><td>小1.2</td><td>こくご</td><td>こくご</td><td>せいかつ</td><td>さんすう</td><td>さんすう</td></tr>
<tr><td>小3.4</td><td>国語</td><td>国語</td><td>社会</td><td>算数</td><td>算数</td></tr>
<tr><td>小5.6</td><td>国語</td><td>国語</td><td>社会</td><td>算数</td><td>算数</td></tr>
<tr><td rowspan="3">2限目</td><td rowspan="3">10:30—11:15</td><td>小1.2</td><td rowspan="3">チャレンジ</td><td>せいかつ</td><td>こくご</td><td>せいかつ</td><td rowspan="3">スポーツタイム</td></tr>
<tr><td>小3.4</td><td>理科</td><td>国語</td><td>社会</td></tr>
<tr><td>小5.6</td><td>理科</td><td>国語</td><td>社会</td></tr>
<tr><td rowspan="3">3限目</td><td rowspan="3">11:30—12:15</td><td>小1.2</td><td>さんすう</td><td rowspan="3">チャレンジ</td><td rowspan="3">いきいきタイム(図工)</td><td rowspan="3">いきいきタイム(図工)</td><td>せいかつ</td></tr>
<tr><td>小3.4</td><td>算数</td><td>理科</td></tr>
<tr><td>小5.6</td><td>算数</td><td>理科</td></tr>
<tr><td colspan="3">12:20—13:00</td><td colspan="5">昼食・休憩</td></tr>
<tr><td rowspan="3">4限目</td><td rowspan="3">13:00—13:45</td><td>小1.2</td><td rowspan="3">あゆみタイム</td><td rowspan="3">わくわくタイム(家庭)</td><td rowspan="3">スポーツタイム</td><td rowspan="3">いきいきタイム(音楽)</td><td rowspan="3">チャレンジ</td></tr>
<tr><td>小3.4</td></tr>
<tr><td>小5.6</td></tr>
<tr><td colspan="3">13:45—13:55</td><td colspan="5">掃　除</td></tr>
<tr><td colspan="3">13:55—14:05</td><td colspan="5">終わりの会</td></tr>
</table>

応援する気持ちを手作りのお守りに託すなどしつつ、自分の進路選択に対して自然に心の準備が整っていく、という面もあります。

②　ASUの授業

ＡＳＵに通う子どもたちは、入室する時期や学校を休んでいた期間もさまざまで、学力に差があるだけではなく、抱えている課題もそれぞれです。生活リズムが確立せず、一校時から登校できない子どももいます。そのため、一斉指導型の授業を行うことは難しく、学習の個別化が基本となります。

スタッフはそれぞれの子どもに応じて必要なアプローチやきめ細かな指導ができる授業作りを日々模索しています。お互いの授業を常にオープンにし、気がついた点を指摘し合いますが、その視点は教師の指示や発問、板書といった授業技術より、子どもがどのように学んでいるかに注目します。子どもの発言（つぶやき）や表情を丁寧に読み取り、理解の程度を確認しながら授業を進めているか、そして「わからないこと」を「わからない」と言えるリラックスした雰囲気か、などを特に意識しています。

写真２　スタディルーム

何よりも大切にしているのは、子ども自身が「わかった」「できた」という達成感と、「できる」という自信がもてるように支援することです。そのため、以下のような工夫をしています。

英語や数学といった特に積み重ねが大切な教科は、教科担任だけではなく他のスタッフや学生チューターが複数で指導にあたり、一人ひとりの状況に合わせた学習支援を行っています（写真3）。つまずいている箇所を確認しながら自分のペースで復習ができるように、スタッフ手作りの課題別・段階別のプリントを作成し、学習意欲の高い子どもには個別に課題プリントを持ち帰らせたり、放課後の補習を行ったりもしています。また、夏休みなどの長期休暇中にも開室期間を設け、じっくりと課題に取り組めるよう支援しています。

写真3　ティーム・ティーチング

不登校状態の子どもにとって、授業についていけないことで学校復帰が難しくなっている事実もあり、ASUでは、心の内面や対人関係を大事にすることを基本としつつ、いかに学力をつけていくかも大事にし、学ぶ喜びや自信から心の成長につながるという面を大切にしています。

教室に入れない子どもは、相談室や和室などの別室で、個々の学習意欲に合わせ支援を行います。また、放課後でないと登校できない子どもにも対応しています。しかし、学習の保障とともに小集団による対人関係の再構築および学び合いという側面も大切に考えていますので、子どもの状況を見ながら教室で受けられるように支援していきます。教室は単に授業を受けるだけの部屋ではなく、そこでの仲間やスタッフとの交流から、化学反応が起き、予想外の「なにか」が生まれる可能性のある場所だからです。

（４）スタッフの体制と研修

ＡＳＵのスタッフは、教員免許を所有する教員が一〇名（常勤四名、非常勤六名）、市指導主事一名、スーパーバイザーを含む臨床心理士三名、学生チューターが五名です（二〇一五年八月現在）。年齢も二〇代から五〇代までが揃う家族的な雰囲気のなかで、それぞれの持ち味を生かしながら子どもに接しています。学生チューターは、子どもにとって少し先の未来を感じさせてくれる身近な存在となっています。

チームとして一貫した支援が行えるよう、毎日、朝と夕方の二回のミーティングを行い、日々の子どもたちの様子をきめ細かく情報交換し、報告されたことは日誌に書き込みます。非常勤のスタッフは、出勤しなかった日の記録を読み、注意すべき事項等を確認してから子どもと接するようにしています。

スタッフの意思疎通がうまくいかなくなると、それを子どもたちは敏感に感じ取り、安定しなくなります。互いに尊敬し合い、協力し合うスタッフの姿が子どもたちのモデルになるように、日頃からのスタッフ間のコミュニケーションを大切にしています。

また担任が一人で抱え込まず、チーム支援を行うために、必要に応じて一人の子どもについての事例検討会を行っています。スタッフの年齢や経験にかかわりなく、自由に本音が言える雰囲気のなか、教科や活動のなかで得られた情報をもち寄ります。ちょうどジグソーパズルのピースを組み合わせて、しかも、一つひとつのピースの裏側に見え隠れする断片的な情報を丁寧に読み解いて子どもの姿を浮かび上がらせていくような作業です。子どもと直接深くかかわっている担任は、子どもの言動に巻き込まれがちになるため、少し離れた距離や違うアングルからの意見を聞くことで新しい気づきがあります。そして、会議が進むにつれ、水が高きから低きに流れるように、一つの理解に向かってスタッフの認識が動いていきます。スタッフ全員で議論し、支援方針を立て、役割を決めることで、担任も見通しや余裕をもち子どもに接することができます。また、こういう事例検討会を重ねるうちに、子どもを見る目が身についていくのではないかと思います。

これ以外にも、県内外の不登校支援施設の見学や各種研修会に参加するなど、月に一度の研修を行っています。

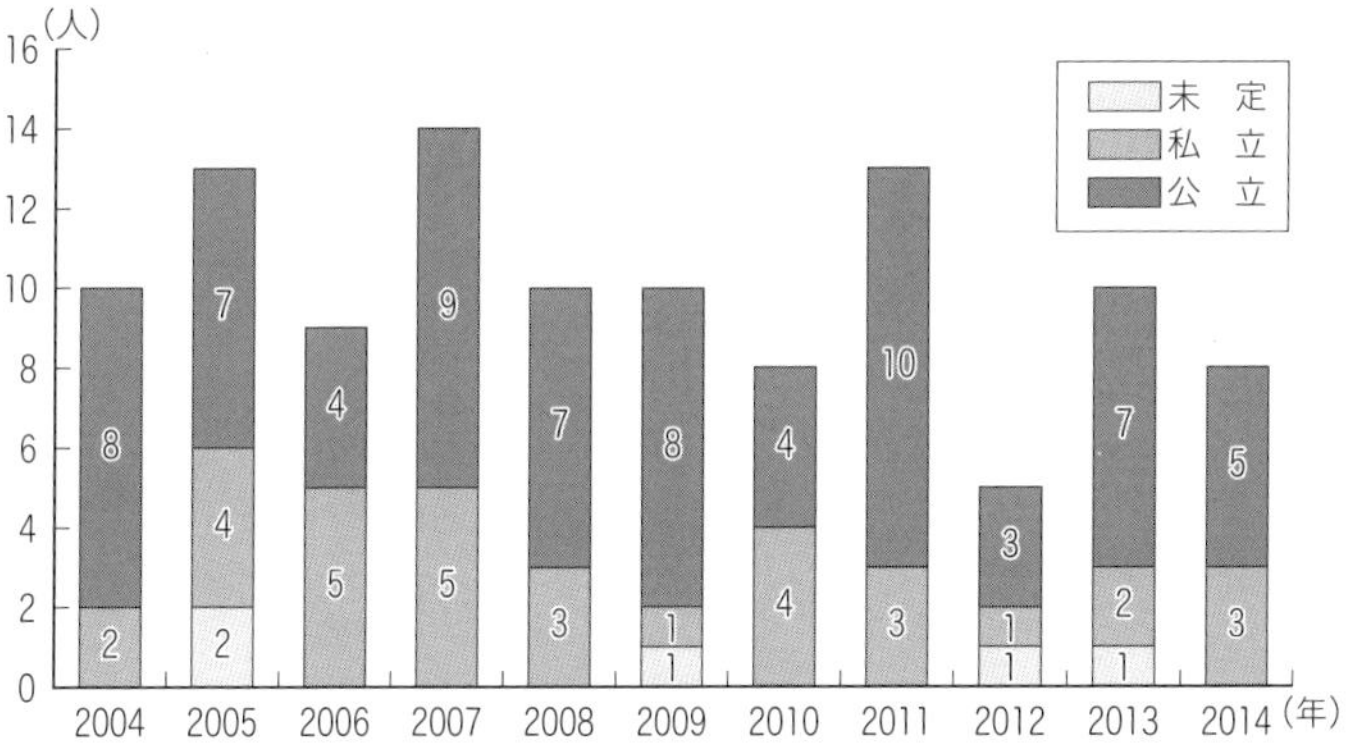

図2　卒業生の進路状況

(5) 進路選択・進路指導

ＡＳＵに通う中学生にとって、「卒業」という区切りは、新しい環境で再スタートを切るチャンスでもありますが、一方では大きな決断を迫られる厳しい試練のときでもあります。それは保護者にとっても同様です。

文科省「不登校への対応について」のなかに、「不登校を『心の問題』のみならず『進路の問題』であるとの認識に立ち、各学校は、進路形成に資する学習支援や情報提供等を積極的に行うことが必要である」とあります。この場合の「進路」とは高校への進学だけではなく、将来充実した人生を過ごしていくための道筋のことです。

多くの適応指導教室が学校復帰をねらいとしてきたことに対し、ＡＳＵは「不登校の状態にある子どもにとっての学校である」との認識に立ち、学校という特定の場所への復帰をめざすのではなく、むしろ将来を見据えた新しいスタートを切るための進路指導に力を入れてきました（図2）。毎年高校への進学率は九割を超え、ＡＳＵで調査書を作成できることで公立高校への進学が多くなっています。

一人ひとりに寄り添う心理的支援を基本にしながら、自己決定を促す進路指導を行い、子どもや保護者が求める適切な支援や正確な進路情報を提供するため、市の進路部会に出席し、進路だよりを発行し、生徒や保護者対象の進路説明会を年に二度開催しています。また、進路ガイドブック「Tomorrow」を作成し、中学卒業後のさまざまな進路に関する情報や奨学金制度、私立高校へのアンケート結果などを冊子にまとめています。卒業後も進学先の高校の先生とは連絡を取り合い、継続して支援を続けています。

（6）外部機関との連携

原籍校との連携の場として、年に五回、「語らい広場」を開催しています（写真4）。ＡＳＵのスタッフやカウンセラー、市内の各学校で不登校児童生徒をもつ学級担任、養護教諭等が定期的に集まり、情報交換や事例検討等を行うとともに、不登校の子どもをもつ保護者や卒業生の話を聞いたり、外部講師から講義を聞いたりするなどさまざまな研修を行っています。そこでの話題や研修内容は、「ＡＳＵ通信」として発行し（写真5）、市内全小中学校に配布することで、参加されなかった先生方にも読んでいただいています。二〇一四年度より、各校に「不登校支援担当教員」が設置され、各校の不登校児童生徒の状況把握や支援体制作り、各種専門機関やＡＳＵとの連携窓口となっていただいています。

また、養育能力の低い親に対しては市の子ども福祉課と一緒にケース会議をもったり、虐待事例に対してはこども家庭相談センター（児童相談所）と連携したり、公的相談施設とも積極的に連携協力することで、より柔軟に多面的に支援します。背後に精神医学的問題が隠されている場合は、より恒常的な援助関係につないでいく必要から医療機関とも連携するなど、「ＡＳＵ支援ネットワーク」を構築しています。

写真４　語らい広場

写真５　ASU からの通信

(7) 子どもたちの成長

不登校になった時期も期間も事情もさまざまな子どもたちが、不登校という共通の体験をもつ仲間と触れ合い、ゆっくり元気を取り戻していく姿を、私たちはたくさん見てきました。その過程には共通している部分もありそうです。スタッフとの人間的な触れ合いや共感体験を重ねることにより、子どもたちは心の安定を取り戻し、仲間に心を開き、自信を回復し、学習に対する意欲をもち、将来に向けての希望を抱くようになっていきます。

① 居場所を見つける

入室当初は、警戒心が強く、マスクやフードで顔を覆うようにしている子、集団が怖くて教室に入れない子、逆に無理にテンションを上げて元気にふるまいすぎる子など、現れ方はさまざまですが、みんな不安や緊張を抱えて入室してきます。生活リズムが昼夜逆転している子どもも多く、午後からしか来られない子、週に何日かしか来られない子、他人と一緒にお弁当が食べられない子など、さまざまです。無理強いすることなく、その子のペースを大切にしながら、必要であれば別室で個別のプログラムを実施したり、一時避難できる場所を確保したりします。そこでは必ずしも学習をするわけではなく、スタッフと雑談したり、パズルをしたり絵を描いたりしながら、その子に必要な支援を考え柔軟に対応します。全員が決められた時間に決められた課題に取り組むのではなく、やらないことも許されながら自分のペースで自分の芽を出すのをあせらず待ちます。

このときスタッフは、その子の興味のある話題を外界とをつなぐ「窓」として、その子の世界に耳を傾けます。そこにはその子なりの思い入れや意味づけがあり、それを語ることは実は子どもの内面を語っていると考えます。しかし、決して用意された以上に窓を開いて子どもの内面に介入しないよう注意します。

スタッフとの信頼関係が徐々に深まっていくと、その「窓」が少しずつ開かれ、話題が広がり口数が増え、少しずつ自分のことを語りはじめます。表情が穏やかになり、笑顔を見せてくれるようになります。自分からマスクを外したり、茶髪を黒く染め直してきたりと外面にも変化が現れはじめます。

学校に行けない自分という重荷を背負っているだけでエネルギーを使い果たし、自分の存在を世界に受け入れられていない心細さを感じていた子どもは、自宅・自室以外に「ここにいて大丈夫」という、それぞれの子どもに見合った「座布団」が用意されている「居場所」を見つけられたとき、少しずつエネルギーがたまってくるようです。そこに仲間との交流の機会があれば、単なる「居場所」から「育ち合いの場」となります。個々の状況に応じて少しずつ集団へのかかわりを増やしていけるよう支援していきます。もちろんここまでに必要な時間もそれぞれで、教室に入れるまでに一年以上の時間が必要だった子どももいます。

②　不安を乗り越え新たなことに取り組む

教室に入れるようになっても、自分の身の置き場に戸惑う姿もしばしば見られます。授業中はまだしも休み時間になると、自分が何をしたいのかがわからず、じっと座ったまま動けずにいたり、教室の隅やホワイトボードの後ろに隠れるようにうずくまっていたり、なかにはふらりと外に出て行ってしまったりする子もいます。スタッフは、横に座って黙って本を読んだり、卓球に誘ってみたり、その子の負担にならないよう配慮しながら声をかけます。ここはスタッフの直感による絶妙なタイミングで、しかも逃げ場を用意しながら、節度をもった強引さ、とでもいうのでしょうか。決して追いつめず、引く潔さももちながら、声をかけていきます。

そのようななかで子どもたちは、「起立」の号令がかけられるようになり、終わりの会の司会ができるようになり、授業中に発言をしたり、音楽のリコーダーを演奏したり、ギターやドラムに挑戦したり、自分の世界を少しずつ広げていきます。グループでの課題に取り組んだり、キャンプなどの郊外学習にも参加したりと、行動が増えていきます。なにより、休み時間や放課後の自由時間に、他者と遊べるようになることは大きな進歩ととらえています。

子どもたちは少し元気になると、家からも頻繁に出られるようになり、家族と買い物に出かけたり、映画を観に行ったり、一人で自転車に乗って探検に出かけたりするようになります。学校の建物を見るだけで体をこわばらせたり、制服を着た生徒を見ると車の中にいても外から見えないようにシートの足元に隠れたりしていた子どもが、原籍校に遊びに行ったり、クラスメイトや担任の先生など学校関係者に会うことも平気になったり、なかには修学旅行などの学校行事に参加したりすることもあります。

③　人への信頼を育み、人に開かれる

対人関係において傷ついた体験をもっている場合、友達とかかわることが面倒だと思ったり、再び傷つくことを恐れたり、あるいはコミュニケーションをとることに苦手意識をもっていたりすると、ほとんど話さず、友達を拒絶するような態度を示す子どももいます。少し癒えてきた傷はまだ薄皮がかぶっているような状態で、ちょっとした刺激でもまだ痛むようです。人間に対する不安や緊張を軽減するには、その不安や緊張を上回る安心感や心地よさを、人間関係のなかで繰り返し味わうしかありません。

ＡＳＵの子どもたちは、お互いの不登校になった過去の経験をいきなり聞くようなことはしません。遅刻して入って来ても理由を聞くこともなく、淡々と授業が進んでいきます。相手のつらさがわかるから相手の傷口に触れるようなことをしないのでしょう。仲間に受け入れられたという実感によってネガティブな感情が癒され、少しずつ勇気づけられる体験をした子どもは、今度は新しく入室してきた子への気遣いを見せはじめます。声をかけた方がよいのか、今はそっとしておいた方がよいのか、友達の存在を意識しながらそのタイミングを見計らう様子がみられます。今まで自分のことで精いっぱいだった子どものなかに、友達の力になりたいという気持ちが育ってきているのを見たとき、「人は人のなかで育つ」ことを実感し、子どもの豊かな学びと温かい人のつながりを感じてうれしくなります。

ある女子生徒は、入室した当時、先輩から優しく声をかけられても、上手に返事ができな

かったことを一年近く経ってから卒業式の送辞で触れ、今度は自分がその役割を担いたいと言いました。

> 私が「ＡＳＵ」に来た頃、優しく話しかけてくださったり、助けてくださったりしたのに、まだ緊張と不安から、うまく返事ができなくて、ごめんなさい。でも、本当はとてもうれしかったのです。先輩みたいに、うまくは話せないけれど、してもらったことを今度は私がしてあげられるようになればいいなと思っています。
>
> （送辞より）

また、別の女子生徒は、自分を可愛がってくれた先輩が卒業する寂しさを文集の中にしたためました。

> 三年生の皆さん、卒業おめでとうございます。ですが私はあまりよくありません。みんなと会えなくなるから。私にとって居心地の良い、楽しい場所だったＡＳＵ。三年生の雰囲気も変わってしまいます。私はみんなのいるＡＳＵが大好きで、楽しくて、だから今まで来られたんです。私にとって三年生のみんなは本当に大切な存在なんです。だから、一時期不登校をしていたのも、この大和郡山市に引っ越してきたのも、全部三年生のみんなに会うためだったんじゃないかとわりと本気で思っています。だから正直に言いますと、三年生には卒業してほしくないわけで

す。わがままですよね。かなわない願いですが、言うだけ言わせてください。でも私があと一年早くＡＳＵに来ていたらもう少し同じ場所で勉強できたのにな～と後悔しています。

（卒業文集より）

彼女たちは人間関係に自信がなく、自分からは声をかけることができないばかりか、どう反応すればよいかもわかりませんでしたが、先輩がいつも自分のことを気にかけてくれていたことは十分感じていました。子どもが継続的に登校できるようになるためには、スタッフとの信頼関係をベースとしながらも仲間の存在が果たす役割が大きいものです。ＡＳＵが体験活動を重視しているのも、仲間の力がお互いの力を引き出す場面が多く見られるからです。そして行事の取り組みで得た仲間との絆や共通の思い出や達成感が自信となり、次のステップにつながっていきます。ＡＳＵでできた友達と登下校したり、休みの日に一緒に買い物に出かけたり、プリクラを撮りに行ったり、ＡＳＵ以外の場所でのかかわりに発展することも少なくありません。その一方で気持ちがすれ違ったり、ぶつかったりすることは当然ありますが、それもこれから生きていくうえでの大切な経験ととらえ、同じようなことが再び起こったとき、それを乗り越え、解決する力を身につけてほしいという思いで支援しています。スタッフに見守られながら、人とかかわることが苦手だった子どもが人と交わることを楽しめるようになっていきます。

④　未来への展望がもてるようになる

少しずつ自信を取り戻し、友達もでき、精神的に安定してきても、勉強への意欲はなかなか起こりません。本人、保護者ともにＡＳＵ卒業後の進路に関しては強い不安を抱いています。「高校なんて行かない、興味ない」とそっぽを向きながらも、その裏には「こんなに勉強が遅れていてもう受験までには間に合わないのではないか」「自分に行ける高校なんてないのではないか」「どうせまた不登校になるのではないか」という不安と自信のなさがあります。

補習を続けていると、今までできなかった問題が解けるようになったり、断片的に覚えていた知識がつながったりする瞬間に立ち会うことがあります。「わかった！」「そういうことやったんか！」と、パッと表情が明るくなる瞬間です。その本当に小さな自信を少しずつ丁寧に積み重ねていくなかで、子どもの口から「高校へ行ったら○○部に入りたい」などという雑談が出るようになります。この言葉はまさに未来への希望です。小さな自信が未来を語らせるのです。自分だってやればできると思えたら、きっと自分の進むべき道を見つけて歩いていけるはずです。親や教師の励ましはエネルギーが枯渇している状態の子どもにとっては向かい風になりますが、十分充電できて子どもが飛びたくなったときには追い風が必要で

表6 「ASU」についてのアンケート結果

（平成25年度「ASU」の校歌作成に向けて，生徒たちに聞いたもの）

「ASU」ってどんなところ？

●休める場所　●エネルギーをもらえる場所
●すてきな所　●みんな優しい
●楽しいところ　●親しみやすい　●楽しくて優しいところ
●素直でいられる場所　●家の中にある学校
●みんなに会える所　●勉強するところ
●遅れを取り戻すところ
●みんな心の中にはいろいろつらい思いを持っているのにニコニコしている

「ASU」のいいところはどんなところ？

●たのしい　●先生が優しい　●行事が多い
●明るくたのしい　●心の底から笑えるところ
●好きなことを好きと言えるところ
●人間関係が楽なところ
●自分のことをちゃんと考えられるところ
●違う学年の子と仲良くなれる
●みんなが思いやりを持って接している
●授業が楽しいと思える
●先生もみんなもおもしろい

「ASU」と他の学校の違い

●先生が自分に何か辛いことがあったとき，ちゃんと向き合ってくれる
●授業が分かりやすい
●先生が親切にしてくれる
●無理に合わせることをしなくていい
●ちゃんと自己主張できる

どんな学校にしたい

●学校に行けなかった子達を強く優しく育て卒業させられるところ

- 生徒が多いところ
- 新しく来た人が安心して泣けるところ
- 人の気持ちをちゃんと考えて，中学生の間に大人に頼れるような環境
- みんなが楽しいなって思って生活できる場所

「ASU」から連想する言葉

- 明日，あした　●未来
- わくわく　●楽しい，たのしい
- 明日へがんばる　●未来へはばたく
- 声　●夢　●アライグマ
- いろんな人　●友達　●居場所
- 自由で楽しくて悲しいことがない所
- なんにもないって思ってた　でもやっぱり誰かを探してここへ来た
  不安と涙とほんとに小さな消える寸前の夢をかかえて笑いかけてくれる人は
  私と同じような，それよりもっと「苦しい」を歩いている人のはずなのに

「ASU」を卒業してどんな自分になりたいか

- 前の学校の人と会ったとき，堂々と笑顔を見せられる人
- 自立する，自信を持つ，凛とした人になりたい
- 「幸せ」と素直に言える人
- のろけたところを直してちゃんとしたい
- ASU でたくわえたエネルギーでまわりの人を笑顔にできる人
- 人を助ける人になりたい（自分も大切にしながら）
- もっと堂々としたい
- 誰にでも優しく何かあったら相談に乗ってあげられるような誰かの支えになれるような人になりたいです。

す。そのタイミングを見極め、そっと背中を押せるスタッフでありたいと思います。

　さて、「ＡＳＵ」開室一〇周年を記念して、校歌を作ることになったとき、歌詞は子どもたちの素直な想いを歌ったものにしたいと、通室生にアンケートを取りました（表６）。開室当初からＡＳＵを応援してくださっているシンガーソングライターの西浦達雄さんがアンケートに書かれた子どもたちの想いを紡いで作ってくださったのが、「ＡＳＵのうた」です（写真６）。「生きている意味もない」と思っていた子ども、それでも誰かを求めてＡＳＵでつながり、やがて未来の自分を語る、そんな歌詞になっています。それはＡＳＵで成長していく子どもの姿です。校歌らしからぬ優しいメロディの楽曲に仕上がりました。

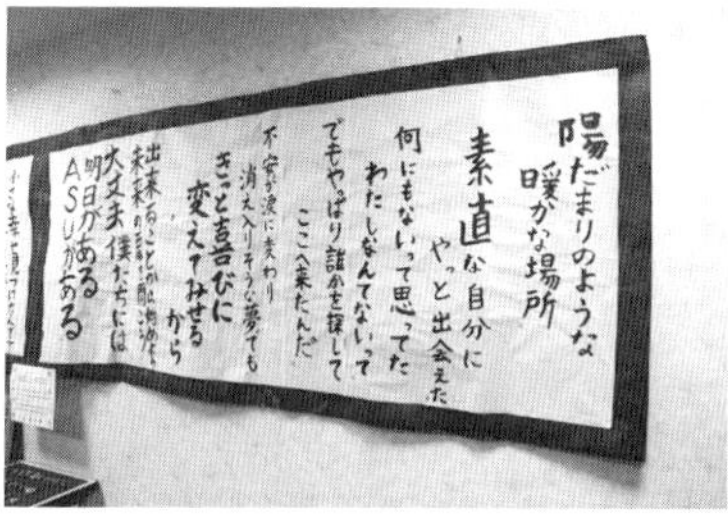

写真６　子どもたちが分担して筆で書いた「ASUのうた」

（８）スタッフの葛藤と学び

私たちが日々悩むのは、「教育」の「教える部分」と「育てる部分」のバランスです。

　学習における個別指導のメリットは、個人のペースに合わせた支援ができることですが、その一方、受験までに目標とする範囲まで到達しないというジレンマに陥ります。ＡＳＵで作成する調査書には信頼性や妥当性が必要であるため、その資料となる定期テストの内容やレベルにも気を配ります。限られた時間のなかで、子どもたちに自信をつけてもらいたいという願いと、高校受験という現実との間で、妥協点を見出すのはとても難しい問題です。

また、生活面の指導においても、「教え導く」教師的役割と「認め受けとめる」ことを中核とするカウンセラー的役割を一人の人間が同時に果たす難しさがあります。特に問題行動などに対応する場面では、一方で子どもがそのような問題を起こさざるを得なかった背景を理解し、気持ちを受けとめると同時に、問題に対する指導を一人で行うことは容易ではありません。しかし、問題行動の意味を考えることで指導の仕方が変わることもあり、集団としての規律を維持しながら、個々の子どもの主体性を育てることは不可能ではないと考えています。

そのような難しさやジレンマを抱えつつも、スタッフが力を発揮できる場所があるとすれば、それはやはり子どもがいる教室にほかなりません。子どもと毎日のようにそばにいることで、問題に気づき、今すぐに必要な支援が可能であるということ、スタッフがチームとして子どもにかかわれること、集団を対象としていることで友達の協力を得ることや、家庭との連携が可能であるという点です。スタッフがもつ豊富な情報と多様なチャンネルを活用することで援助の可能性が広がります。

子どもは日々成長し変化するばかりではなく、年々、子どもの姿も多彩になり、臨機応変に対応する力が求められています。そのためにも、本人の心理状態や家族の状態などをもとに支援方針を立て、カウンセラーともしっかり意思疎通を図り、何度も見立て直しを行い、さらに実践、検討を重ねるなかで私たちスタッフも成長していきたいと思っています。

しかし、子どもや保護者との信頼関係が築けなかったり、よかれと思ってやったことが裏目に出たり、カウンセラーや他のスタッフとの連携がスムーズにいかなかったり、「ＡＳＵ」にも登校できなかった子どもや高校に進学したもののまた不登校になってしまった卒業生がいたりと、悩むこともたくさんあります。そのたびに自信をなくし落ち込みますが、いつも支えてくれるスタッフや少しずつでも確実に成長していく子どもの姿に励まされ、日々大切なことをたくさん教えてもらっています。

①　教師としてではなく一人の人間として向き合うこと

ＡＳＵのある教員は「ＡＳＵ」で出会った子どもたちから、自分の弱さや不完全さを隠さずありのままにさらして受け入れられることが人間の成長には不可欠だ、ということを学びました。学校現場にいるときは、常に集団を相手にしていたので、「なめられる」「つけこまれる」という緊張感や授業や学級が崩壊することへの危機感があり、子どもに弱みを見せるなどということは考えられなかったそうです。

相手が心を開けるためには、先にこちらの心を開示することが必要ですが、子どもや保護者と正面から向き合う勇気がなかったのかもしれません。学校での教師的な役割や構えやよろいをいったんはずし、悩みもあれば失敗もする、子どもと同じ一人の人間として、わからないことは子どもに聞き、教えるのではなく一緒に考えていこう、あるいは一緒にこの苦しい状況を生きていこうという姿勢、そして自らのかかわり方を内省し、臨機応変に対応を変えていく柔軟さが大切だと思います。

② 子どもの背景にあるものを見る

子どもの言動の背景にある生育歴や家族構成などを知ることは、子どもを理解するうえでとても重要です。あるスタッフは、理科の授業で内臓について勉強するとき、クラスに心臓に疾患を抱えている子どもがいると知っているか知らないかでは、選ぶ言葉が違うと話していました。また、何を聞いても「別に」と面倒くさそうな返事しかしないような、一見しただけでは自分勝手に見える言動であっても、その子が背負っているものを知ると、そうするしかない理由や気持ちが見えてくることがあります。すると、その子にかける言葉が変わってきます。公立学校現場で勤務していたときには忙しさのせいにして、一人ひとりの背景まで把握することなく、不用意な言葉を選んでいたように思います。今は「あなたのことを知りたい、もっと教えてほしい」という姿勢で子どもの話にじっくり耳を傾ける時間を大切にしたいと思います。「ＡＳＵ」で勤務するようになってから、自分の家族や子どもへの接し方や言葉がけが変わったと話すスタッフも何人もいます。

③　全員が特別

現場では、よく「あの先生はひいきをする」と言う子どもがいましたが、それはもっと先生と話したい、もっと私を見て、というメッセージだったのだろうと思います。思い返せば、問題行動を起こす子どもや、いろいろ相談に来る子どもに手を取られがちで、それ以外の子どもとほとんど話をせずに一日が終わることもありました。人は平等に扱われたいと思うと同時に、自分だけは特別扱いされたいという思いをもつものです。どれだけ一人ひとりの子どもに目を向け、話をし、全員を特別な存在として対応していけるかは難しいですが、それが子どもに寄り添う第一歩であり、基本姿勢として常に頭に置き、そして、子どもの些細な表情の変化に気づくセンサーをもち、「何かあった?」「いつも見ているよ」「話してね」というメッセージを送り続けなければと思います。

④　「助けて」と言えること

公立中学校では、一人で何十人もの子どもを担任し、他の先生にも担任している子どもが大勢いる状況で、相談する時間もなく、また担任としての責任感から孤軍奮闘になることも多いと思います。子どもたちは、日々さまざまなシグナルを送ってきますが、その対応にマニュアルもなければ正解もないため、一人で真摯に向き合おうとすればするほど、煮詰まり、教師自身がバーンアウトしてしまいそうになります。そんなとき、相談できる人がいて、助けてくれる人がいる職場の雰囲気がとても大切です。ASUで一番大切にしていることです。

＊

ASUとはカリキュラムも子どもの人数も違う学校現場で、同じ取り組みを行うことは難しいことです。しかし、ASUの子どもに必要な支援は、不登校児童生徒だから必要なのではなく、本当はどの子どもにも必要な支援であり、ASUで行っている支援は不登校に限らず、さまざまな問題を抱えた子どもへのアプローチとして基本であると思います。

同時に、登校している子どものなかにも、実は心の傷を進行させているケースがあるかもしれない、という視点を忘れないことで小さなサインに気づけるのではないかと思います。ASUで日増しに元気になる子どもの姿を目の当たりにしたとき、いつも思い出すのは、学校現場に勤務していた頃、時間に追われる生活をしながら、もっとゆっくり子どもとかかわる時間や心のゆとりがほしいと思っていたことです。学校の現場に、少しでもゆとりができれば、救われるのは教師だけではなくたくさんの子どもたちなのだろうと思っています。

3　主体性を育てるチャレンジタイム・体験活動

（ASU教師　近藤和美）

ASUでは、子どもたちの主体性を育てるために、ASU独自のカリキュラムを実施しています。「チャレンジタイム」はその一つです。また、「体験活動」もカリキュラムの柱の一つとして年間を通して実施しています。

（1）チャレンジタイムの実際と子どもたちの成長

自分で計画を立て、得意な教科や学びたい学習に取り組むことで、個性の発見と伸長を図る時間として「チャレンジタイム」の時間を週三時間設けています。具体的には「通常チャレンジ」「選択チャレンジ」「体験活動の事前・事後学習」の三つに分かれます。

① 通常チャレンジ

「通常チャレンジ」の時間は、子どもたちは毎授業はじめに、「この時間は○○をする」と自分で計画を立ててから動き出します。友達と、卓球、オセロ、将棋などをして腕を磨いたり、キャッチボールやバドミントンをして体を動かしたり、個人で、読書、ギター、テスト前の自習に取り組んだりすることなどがあげられます。友達とすぐに声をかけあって何かを一緒にはじめる子どももいれば、人とかかわるのではなく静かに読書をしたいと一人の時間を大切にする子どももいます。この時間は、子どもたちにとって、必要以上に声をかけすぎず黙って友達を見守ったり、適度な距離感をとって友達とかかわったりすることを学びながら過ごす時間にもなっているので、この授業スタイルの意義は大きいと思います。自由な雰囲気のなかで、自己発見したり、自己表現したりできる時間であるともいえます。

② 選択チャレンジ

「選択チャレンジ」は、隔週で（学期に五回程度）実施しています。自分のやりたいコースに分かれて取り組む時間です。まず、子どもたちに自分がやってみたい希望コースを聞き、そのうえで、なるべく子どもの意に沿うようなコースを開講しています。ですから、開講コースは子どもの希望によって学期ごとに変わるのも特徴です。主なものでは、音楽、スポーツ、手芸、調理のコースがあります。音楽コースでは大抵の場合、ドラム、ギター、ベース、キーボードのバンドが結成されます。原籍校ではベースやドラムを演奏する機会は、クラブに入部しない限りは滅多にないと思いますが、ASUには、楽器も揃い、誰でも気軽に触って演奏できる環境にあるので、とても恵まれています。また、子どもの希望する曲を音楽担当スタッフがバンドに合うように編曲して楽譜に起こしていますので、その楽譜をもとにメンバーたちは休み時間や放課後に時間を見つけては個々に、時には自然と声を掛け合って練習を重ねる姿がみられます。学期の最後の授業では、集大成として演奏を録音してCD化していますので、子どもにとっても目標をもった活動になっていると思います。ASUに通室するようになってからはじめて触る楽器にもかかわらず、この選択チャレンジの時間で学んだことをきっかけに、自分でも楽器を買って練習したり、他の楽器にも挑戦したりする積極的な気持ちにつながり、文化祭の有志発表として、人前での発表を望む気持ちも芽生えてくることも多々あります。自分がやりたいと思っていたことに対する成功体験が、別の場所での自主性、意欲につながっているといえると思います。

また、韓流ドラマが好きでよく観ている生徒とＫ－ＰＯＰアイドルが好きな子どもから韓国語を学びたいという希望があり、韓国語に詳しいスタッフはいませんでしたが、一緒に勉強するつもりで講座を開講しました。韓国語の基礎や簡単な挨拶、食文化などを市販のテキストやテレビ講座の録画を利用して学ぶスタイルでしたが、そのなかで、子ども自らが日本語との共通点や相違点などに気がついて発言したり、文化の違い（夫婦別姓・車線の違い）などについて知っていることを発言したりと学年の枠を越え、同じ興味をもつ者同士で異文化について学び合う時間になりました。また、それぞれが韓国のことで自分の興味のあることを他のメンバーに伝えるというプレゼン方式の活動をしましたが、学校と違って少人数授業ということもあり、普段とは違う生き生きとした表情で発表する姿にとても驚き、また、新しい一面を発見できたことに私たちスタッフも嬉しく思いました。発表を聞いてより深くそのメンバーのことを知ることができるだけでなく、自分の話すことを聞いてもらい、より自分のことを理解してもらえる喜びを味わうことができた時間だったのかもしれません。

③　体験活動の事前・事後学習

体験活動の事前学習は、活動場所の調べ学習をしたり、しおりを作ったりして、よりよい活動になるための準備をしています。また、事後学習は、振り返りシートを利用して、今後の活動にいかせるよう、自分の活動を省みたり、友達の良かったところをあげて他者理解につながる学習をしたりしています。また、全員で大きな模造紙に活動写真をはったり、コメントや絵をかいたりして、学んだことや思い出を共有できるものをつくっています（写真7）。

写真7　事前・事後学習の様子

（2）体験活動の実際と子どもたちの成長

①　体験活動の目的

構造改革特別区域計画の基本理念に基づく実現をめざす一〇項の取り組みの一つに「体験活動の充実」があります。そこでは、次のように述べられています。

「不登校児童生徒が自然とのかかわりや宿泊などのさまざまな体験活動をとおして、自己の存在を肯定（Be there）し、情緒の安定を図るとともに、社会的スキルを高め、人間関係調整能力やコミュニケーション能力の育成などを可能とするものである。体験活動は、また、他者との関係を形成するきっかけとなり、自己概念を高め、自己の存在を肯定し、集団における適応能力や自己有用感を涵養していく動機付けとなるものである。こうした活動により、自身の回復や自己認知、自己概念を高めるなど、児童生徒の自主・自立を図っていく」（基本理念に基づく一〇項の実現の（5））。

これに基づきＡＳＵの教育課程では、「体験活動を基軸にしたカリキュラム」を柱の一つにしており、毎月一回の割合で何らかの体験活動を取り入れています。ＡＳＵに通う子どもたちは同世代の子どもたちと比べるとさまざまな生活経験が少ない傾向にあるため、多くの活動を体験してほしいと考えるからです。それぞれの体験活動では、子どもたちの普段見せない表情やいつもより少し頑張る姿を見ることができます。また、こうした体験活動は、友達との関係を深め、子どもの自己表現力やコミュニケーション能力、他者理解力などさまざまな力を伸ばしていくことにつながると考えています。

②　体験活動の実際と子どもたちの成長

ＡＳＵの体験活動は、奈良や身近な地域を知る活動、日本や地域の伝統文化や四季折々の行事に触れることも大切にしながら年間計画を立てて、実施しています（表7）。

表7　体験活動

4月	よもぎ団子作り　など
5月	ウォークラリー
6月	社会見学
7月	七夕会　職場体験
9月	宿泊体験
10月	文化祭
11月	ボランティア清掃
12月	クリスマス会
1月	お正月遊び
2月	節分会
3月	卒業生を送る会　卒業式

【奈良を知る活動】

子どもたちは地元の「奈良県を知る」という経験も少ないため、ウォークラリーでは意識的に奈良県での活動を取り入れています。たとえば、奈良公園ウォークラリーや明日香巡りです。奈良公園ウォークラリーでは、事前学習として、東大寺、春日大社などについてパソコンなどを使って調べ学習をし、また、社会科担当のスタッフによる特別授業を行います。また、自分たちが作成したものは、大事に扱ってほしいというスタッフの願いもあり、旅のしおりは子ども全員が役割分担して作成しています。当日は、男女や学年混合のグループでクイズに答えながら、各所を巡り、オリエンテーリング形式で実施しました。子どもたちはメンバーとともに何度も地図を確認しあったり、協力してクイズの答えを考えたり、メンバーの体調を気遣かったりしながら活動していました。ウォークラリーでは、電車やバスの公共機関を利用する活動が多いのですが、その際、子ども一人ひとりが自分の切符を買って乗車するという生活経験も大事にしています。切符を買うという初めての経験で緊張したり、喜んだりする姿が見られます。

【季節を感じる活動】

「季節を感じる」「伝統行事に触れる」という経験も大事にしたいと考え、「七夕会」や「お正月遊び」などを行っています。七夕会では、スタッフによる寸劇や紙芝居で七夕の由来を説明したり、実際に子ども一人ひとりが願い事を筆で書いて飾ったりしています。七夕まつりという日本のよき年中行事を知り体験することは、生徒の豊かな感性を育むことにつながると考えています。また、自分がどんな願い事を書いたかを知らせ、また友達がどんな願い事を書いているのかを知るという活動のなかから、それまであまり話をしたことがない子ども同士でも自分との共通点を見つけたり、友達の新しい発見をしたりして会話がはじまっています。他者との交流が生まれ、それが他者理解にもつながっているのです。

【宿泊を伴う活動】

原籍校の野外活動や修学旅行に参加できなかったASUの子どもにとっては、カレー作りや花火、キャンプファイヤーなどは、すべてが新しい体験です。琵琶湖でのカヌー体験や南淡路でのカッター体験は、海のない奈良県で育っている子どもたちにとっては、それだけで貴重な体験になっていると思います。また、トレッキング、アスレチックなどの活動は、体を動かす経験があまりない子どもたちが多いなか、最後までやり遂げられるだろうかというスタッフの心配をよそに、子ども同士で声をかけて励まし合ったり、助け合ったりする場面も多くみられます。子どもたちにとっては、みんなと一緒だからできる、楽しい、頑張りたいという気持ちが芽生えるのかもしれません。また、カッター体験は、みんなで気持ちを一つにしなければ進みたい方向に進めないことを身をもって感じることができました。みんなで協力しながらも、自分の責任を果たすという気持ちを自ずと養うことができる活動であるといえるでしょう。さらに、重いオールの扱いに慣れない後輩や女性スタッフを気遣う態度をみせてくれた男子もいます。この男子は、宿泊体験の期間中、普段以上に周りの状況に気を配り、適切な判断や行動をすることができ、その後の生活でも頼もしさが感じられるようになりました。また、一晩を共にするという宿泊体験に対する子どもの思いはさまざまです。とても楽しみにしている子どももいれば、みんなで入るお風呂が気になって参加したがらない子ども、二日間もみんなと一緒に過ごすことはつらいと思う子どもなどがいます。

ＡＳＵでは、野外活動においても柔軟な個別対応を心がけますが、特に宿泊を伴う活動では決して参加を無理強いしていません。あらかじめ下見時の写真を見せたり、行程を丁寧に説明したりしながら、本人の気持ちをゆっくり聞き、対応できそうであることや解決できそうなことなどを一緒に考えるようにしています。そうすることで、本人の不安が解消され、参加を決心することも多いので、その過程をとても大事にしています。一緒に食事をしたり、入浴したり、同室に泊まってたくさんの話をするなどの寝食を共にする活動は、友達との親近感や安心感を高め、それをきっかけとして、自分のペースで人間関係の輪を広げられるようになることにつながっていると考えます。

大自然のなかでの宿泊活動や野外活動は、普段の生活よりも何倍も安全確保への配慮が必要です。そこに十分に気をつけながら、今後も子どもにとって貴重で有意義な活動になるよう工夫しながら続けていきたいと考えています。

【発　表】

一年間にたくさんの体験活動を実施しますが、なかでも一番大きなものが文化祭です（写真8）。「不登校の子どもにとって人前で何かをすることは、私たちが裸になるくらい恥ずかしいことだ」と言った人がいます。そんな子どもが人前で自分を表現できるまでに成長した姿を保護者や原籍校の先生方に見てもらおうと、授業や放課後を使って練習に励み、取り組んできたことを「展示発表」や「舞台発表」の形で発表します。

写真8　文化祭

文化祭は、まず、子どもたちの思いを一つにまとめてテーマを設定することから始まります。文化祭の主軸を決めるのです。

「展示発表」は、美術、技術、書道の作品、そしてオブジェ作品の展示があります。美術や技術の作品は、文化祭に展示するという目標・計画のもと、授業中に個々に取り組んだ成果の一つです。展示された自分の作品を見る子どもたちの誇らしげな表情を見ることができるだけでなく、見に来てくれた保護者の腕をつかみながら嬉しそうに自ら案内したり説明したりする姿もみられます。また、オブジェ作品は、文化祭のテーマを表現したものであり、また、子ども一人ひとりの積み上げ作業やそれを結集させることによって完成する作品になっています。金魚すくいの使用後の「ポイ」で作った「ポイドーム」はその例の一つです（写真8、下）。一人では到底できない、みんなの力が必要な作品です。そんな作品が形としてできあがったときの達成感は、かかわった者にしか味わえない貴重な経験になっていると思います。そして、自分一人ではできなかったことが周りに支えられてできたという思いと同時に、自分もまた誰かを支えることができたという自信をもつこともできる活動だともいえると思います。

「舞台発表」の主な内容は、音楽発表、南中ソーランです。南中ソーランは、ＡＳＵ文化祭で伝統的に行われている発表で、数年前の先輩たちが家庭科の時間に作成したハッピを、子どもたちが代々着用して発表しています。練習中は、先輩たちが後輩に丁寧に教えたり、声をかけたり、励ましたりしている姿が毎年みられます。後輩たちも真剣に聞き、お互いに学び合っています。この学び合いも代々受け継がれているようで、子どもたちのもっている素晴らしい力を再確認することができます。また、よりよい発表にしたいという思いが伝わってくる気迫のある真面目な態度で練習に臨んでいる姿がみられます。発表後の子どもたちの表情からも達成感、満足感がみられ、見ている観客の方たちからも、「素晴らしい発表だった」「感動した」「元気をもらった」という感想が毎年聞かれます。音楽発表、南中ソーランのどちらの発表も自分一人だけでは完成できないだけに、団結力や責任感が求められます。子どもたちは、こうした体験を通じて自分の存在価値を感じ、高めることができるものと考えています。そして、自分が集団の一員として受け入れてもらえているという実感が、その後の子どもたちの自立を促すことにつながると考えています。

また、子どもたちの有志による発表も最近は恒例となってきました。有志バンドがその一つです。文化祭前になると、自ら周りに声をかけ、有志メンバーを募ってバンドを結成しています。有志による活動は、練習中に子ども同士のトラブルが起こることもあります。その時には、スタッフも相談にのりますが、あえて出過ぎることはせず、子どもたち自らがトラブルを解決できるよう導くように意識しています。実際、トラブルを乗り越えた有志メンバーの一致団結する力は、本番での最高の発表につながっていると思います。

また、毎年ゲストに来ていただいて芸術鑑賞もしています。各方面の専門家の方々に来ていただき、一流のものに触れるという貴重な体験もしています。

【職場体験】

ＡＳＵでは、キャリア教育の一環として、中学生の全学年・全生徒が毎年一回、三日間の職場体験を行っています。したがって、多い生徒は三回体験することになります。この職場体験は、礼儀やマナーを学ぶだけではなく、普段の生活では見られないような生徒の姿や表情が現れ、地域や職場の方々との交流を通して、働くこととはどういうことかを問い直したり、自分自身を見つめ直すきっかけとなったりしています。対人関係で悩みを抱えていることが多いＡＳＵの子どもにとっても多くのことを得られる機会となる職場体験は、自立への一歩になることが期待できます。

ＡＳＵでは、体験事業所を、こちらからいくつかあげたなかから選ばせるのではなく、まず、子どもに体験したい職業の希望を聞き、子どもの気持ちを優先させているところに原籍校とは違った特徴があるといえます。少しでも子どもの希望に合う場所で実施できることは、慣れないことに対する心の揺れの激しいＡＳＵの子どもの気持ちを最初から大きな壁に当たらせない対応ともいえます。また、子どもたちだけでなくＡＳＵとしても地域とのつながりを大事にしたいと考えています。受け入れをお願いしているのは図書館や保育園、レストランや本屋などいずれも大和郡山市内の事業所です。事業所の方々はＡＳＵのことをよく理解してくださっており、子どもたちの特性にも配慮してくださりながら、毎年快く引き受けてくださいます。子どもは、グループではなく、一人で事業所に行くことがほとんどなので、

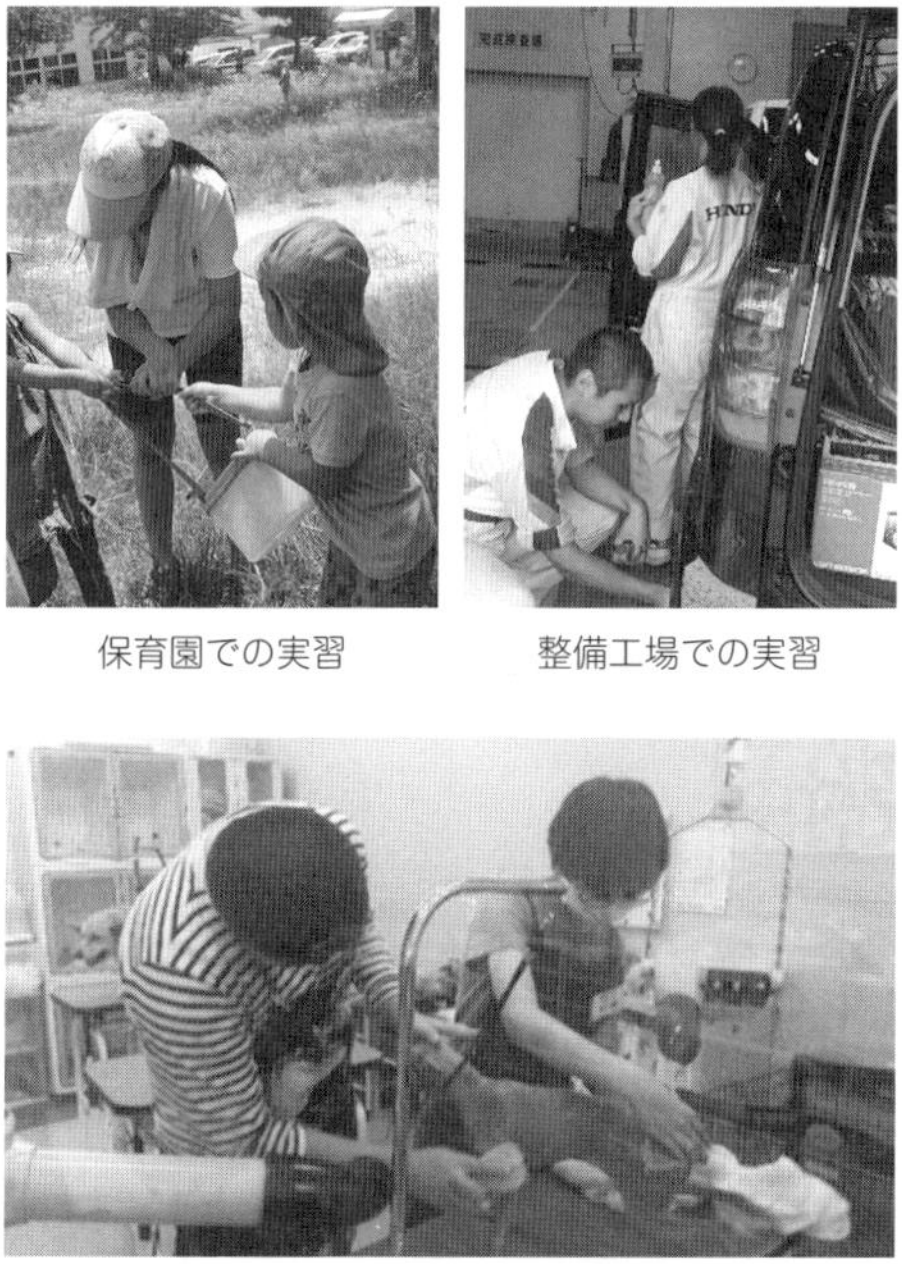

保育園での実習　　整備工場での実習

ペットショップでの実習

写真9　職場体験

送り出すスタッフも心配です。体験中に、とても不安で緊張して泣いて電話をかけてきた子どももいましたが、自分なりに「社会に出る」という意識が芽生えるのか、職場体験をきっかけに進路を決める子どももいます。「初めは緊張しましたが、時間が経つにつれて子どもたちとの距離が縮まった気がしてうれしかったです（保育園で実習）」「仕事内容が難しくて、あらためて店員さんはすごいなと思った（書店で実習）」「図書館での本の修理は難しかったけれど、この仕事もいいなと思った（図書館で実習）」という体験後の感想からも、子どもそれぞれが、いろいろな体験をし、いろいろな視点から見て感じて、新しい発見をしたことがわかります（写真9）。

【卒業式】

原籍校の卒業式のほかに、ＡＳＵでの卒業式も行っています。市長、市会議員、原籍校の校長先生、担任の先生方、お世話になっている地域の方などの多くの来賓の方々が参列してくださり、また、保護者の方にも見守っていただきながら行う手作りの卒業式です。ASUの校長である教育長から「ASU」卒業証書が授与され、また私たちスタッフの思いやメッセージが詰まったオリジナル卒業証書も一緒に渡しています。卒業生は、今まで支え育ててもらったことに対する感謝の気持ちを式に臨む立派な態度や保護者への手紙で表し、在校生もまた、卒業生に対する思いを送辞や手紙で伝える活動であるともいえます。普段は当たり前だと思い、気づいていない気持ちを自覚し、また思っていても上手に表現できなかった気持ちなどを親子間、生徒間で伝え合う姿はとても感動的です。

③　体験活動の課題と対応

これらの他にも、地元である大和郡山市の産業文化に触れる学習として、金魚すくい名人に金魚すくいのコツを教えていただいたり、助産師をお招きして、自分の命はかけがえがないものだということを学んだりしました。このように、ASUの体験活動は多岐にわたっていますが、それらのなかには、地域の方々の協力が得られなければ実施できない活動もあり、日頃から、地域の方に、ASUの目的や活動について知っていただく努力を積み重ねることが大切だと感じます。また、費用面で実施が厳しい活動もあります。しかし、子ども同士の豊かな関係を築き、一人ひとりの力を伸ばすことができる活動であるならば、何とか実施したいと思うスタッフが、知恵を絞り、活動の本質を失うことなく経費を抑える工夫をし、実施しています。また、活動内容によっては、苦手に感じる子どももいて参加できないことがあるなどの課題があるのも事実です。それぞれの体験活動の計画の段階で、スタッフで話し合い、個に応じた活動内容や参加形態を準備しておくなど柔軟に対応することで、より多くの子どもが参加できるように心がけています。

4　自分や他者について知るあゆみタイム

（ＡＳＵカウンセラー　平野大心）

「今日のあゆみタイム何するの？」

昼休みになると子どもたちが興味津々で質問にやってきます。午後から行われる週一回九〇分の「あゆみタイム」の授業をＡＳＵに通う子どもたちはとても楽しみにしてくれているようです。それは、「あゆみタイム」という時間が、子どもたちにとって初めて体験することが多い時間になっているからだと思います。

「あゆみタイム」は、机に向かって学ぶ勉強とは少し違い、グループワーク等の体験学習に重きを置いており、子どもたちが自分自身を自由に表現できる場を提供しています。そのなかで、自分や仲間への理解を深めて、人間関係を体験的に学んでいく場としても機能しています。

ここでは、「あゆみタイム」という授業のねらい、授業の内容、子どもたちの変化ということを中心に紹介していきたいと思います。

(1)「あゆみタイム」の創設

ASU独自の教育課程として、「あゆみタイム」があります。この授業は、「道徳・特別活動」を統合するかたちで創設されました。

ASUの教育課程についての基本的な考え方として、「特色ある教育課程の編成を行うことで、一人ひとりの発達段階や学習内容の到達度に応じた指導を行う」および、「不登校児童生徒の実態に応じた授業時数等を設定するなど、弾力的な編成を行うことにより、積極的な自立支援に努める」ことが掲げられています。「あゆみタイム」は、このASUの教育課程に対する基本的な考え方に沿って授業が展開されています。あゆみタイムのねらいは以下のとおりです。

「自己をみつめる時間」として、児童生徒と共に自由に語り合うことを通して、自己認知と他者認知を深め、「生きる」という課題に向かい合うことをねらいとしています。同時に、言語的・非言語的心理療法の知見を生かしたグループアプローチを積極的に採用し、自己表現の場を通してきめ細やかな発達を促していくことをめざしています。

①　「居場所づくり」と「集中的グループ体験」

ＡＳＵには，原籍校に登校できない子どもたちが通室しています。通室している子どもたちの特徴として，自己肯定感が低く，自分の気持ちをうまく表現できず，人とのコミュニケーションの取り方が不得意であることなどがあげられます。さまざまな傷つき体験から，対人不信が強く，安心感が乏しい状態であるがゆえに，人とうまくかかわれない状態にもみえます。また，その背後には，個人の問題だけでなく環境との相互作用で起こってきていることも考えられます。

「あゆみタイム」では，こうした実態を踏まえて，子どもたちへの「居場所づくり」と「集中的グループ体験」を提供しています。そして，グループワークを通して，他者とのかかわりのなかで自分に対する理解を深めることや他者に受けとめられる体験を重ね，他者のなかで自分らしくあることを模索していきます。授業の流れは以下のとおりです。

「あゆみタイム」の授業の流れ

①導入：授業の内容とねらいを簡単に話す。

②ウォーミングアップ：ワークのねらいを考慮して実施する。
③インストラクション：やり方の説明。中心となるワークの説明とねらい、してはいけないことを示す。場合によってはデモンストレーションを行う。
④グループワーク：ルールが守られているかを確認しながら、グループを回って援助する。
⑤シェアリング：ふりかえり用紙に記入してからグループで話し合い、発表する。
⑥まとめ：リーダー（スタッフ）からのフィードバックを行う。

② 授業のなかで心がけていること

ＡＳＵに通室している子どもは、人との交流が苦手であったり、どう人と接したらいいのかわからなかったりすることがあります。人にどう思われるかということを気にしすぎて、動けなくなっているようにもみえます。まずは、他者に認めてもらい、自分自身を認めて、人と交流すると楽しいということを感じてもらうことを目標としています。

人とどうかかわったらいいのかわからない子どもも、グループワークなら仲間と交流できる姿がみられます。人と交流するきっかけを提供することで、その子が本来もっている力が少しずつ引き出されていきます。そのために、場の設定、緊張をほぐすウォーミングアップ等による雰囲気作り、グループへの配慮等を心がけています。

特に、登校したての子どもには、ＡＳＵに来れば誰かしら話し相手がいるという状況を早めに設定することが大切だと考えています。グループワークという、ルールが決められたなかで、新たな対人関係を体験してもらい、自己発見（自分はこんな風に見られているんだ、自分では気づかなかったけどこういうところが自分にあるんだ、という気づき）を促していきます。そうした体験を積み重ねることで自信をつけ、人とかかわる力が育まれていきます。また、受けとめてもらったという経験が、人とかかわるうえでの基盤となっていくと考えられます。

自分の殻に閉じこもっていた子どもも、グループワークのなかで人とのかかわり方を繰り返し体験し、人と交流する楽しさが感じられると、自ら人とかかわっていけるまでの心の変化がみられます。この変化を支えていけるように、毎週の授業を臨機応変に展開しています。

(2) どんなグループワークをしているか

グループワークの主なねらいとしては、①自己理解、②他者理解、③自己受容、④自己主張、⑤信頼体験、⑥感受性の高まり、を設定しています。これらのねらいを達成していくために、子どもたちの反応や状態を見ながらグループワークを柔軟に実施しています。

年度はじめであれば、自己紹介のワークをはじめとした、出会いのワークを中心に展開します。関係ができてくれば、自分自身を表現し他者との違いを感じるワークや自己肯定感を高めるワーク等、その時のグループの状況を踏まえて実施しています。

ここからはいくつかのグループワークを具体的に紹介していきます。

写真10　すごろくトーキング

【スゴロクトーキング】

スゴロクトーキングは、お互いを知り合う出会いのワークとして、年度はじめや新しい子どもが通室しはじめたときに実施することが多いです。ねらいは、「ゲーム感覚で自己紹介を行い、自分の考えや経験を話したり、聞き合ったりすることで、相互理解を深める」ということです。

まず、個人作業として、みんなに聞きたいことをスゴロクのマスに記入します。たとえば、「好きな漫画は？」「行ってみたい国は？」「好きな音楽は？」など、それぞれ思い思いの質問を考えます。そして、みんなのマスを合わせて一つのスゴロクを完成させます（写真10）。

ここで、ASUに来て間もないときに実施したFさんの例を紹介します。

ASUに来たばかりのFさんは、自己紹介と聞いてとても不安に思っていたようです。自分のことを人前で話す経験は少なく、みんなにバカにされたらどうしようという思いを抱いていました。しかし、ワークが始まってみると、Fさんの不安は少しずつなくなっていったようです。それは、すでに通室していた仲間が、新しく来たＦさんのことを温かく受け入れてくれる姿勢があったからです。それぞれ境遇は違いますが、ＡＳＵに初めて来たときの不安を覚えているようでした。そうした自身の経験から、同じように不安を抱えている仲間を優しく受けとめ、お互いのことをもっと知りたいという雰囲気が自然と生まれていました。みんなの発表を聞きながら、最初は口数が少なかったＦさんもだんだんと話をするようになり、ワークが終わる頃にはすっかり打ち解けている姿がありました。

このワークは、授業が終わってからも空き時間に実施するほど子どもたちに人気がありました。また、年度はじめに行うことでお互いを知るきっかけとなり、その後の子どもたちの関係がより深まっていく様子がみられます。

普段、面と向かっては話ができない子どもも、グループワークとして仲間とふれあう時間を設定することで、安心して交流できるようになっていきます。また、お互いに自己紹介を行い共通の好きなもの等を知ることで、相手に対する関心や興味が高まり、普段の生活のなかでも交流を深めていく姿がみられるようになっていきます。こうした変化を目の当たりにすると、最初のきっかけづくりが本当に大切なことだと感じます。きっかけさえあれば、人が本来もっている力が引き出されていくことを実感し、その力を信じて毎回の授業を行っています。

【私の四面鏡】

私の四面鏡は、グループの関係性が深まってきた頃に、「他者からどう見られているのか」「相手のことをどう見ているのか」という自己理解や他者理解を深めていくために実施します。ねらいは、「級友という鏡に映った自己像を見て、自分を肯定的にとらえる」ということです。

まず、四人グループを作ります。たくさんの特性（優しい、まじめな、意思の強いなど）が書かれたシート「私の四面鏡」（図3）を見て、自分があてはまる項目に丸をつけていきます。同様に、グループのメンバーそれぞれにあてはまる項目にも丸をつけていきます。最後に、一人ずつ発表しお互いのイメージを伝え合います。

ここで、自分への自信がもてないGさんの例をご紹介します。

引っ込み思案のGさんは、「自分はダメだ」という考えをもち、自分自身に対してネガティブな印象を強くもっている子どもでした。これまでの経験のなかで、自分を認めてもらうことや、受けとめてもらうことが乏しかったことが大きく影響しているようでした。

私の四面鏡を実施したときにも、はじめは「自分にはよいところが一つもない」となかなか丸がつけられずにいました。自分自身のよいところを探すことがなかったGさんにとって、自分について考えることはとても難しい作業のようでした。結局、自分についての項目には丸をつけられず、仲間の印象を考える作業へ移りました。自分のよいところは見つけられな

	私から見た私	さんから見た私	さんから見た私	さんから見た私	さんから見た私		私から見た私	さんから見た私	さんから見た私	さんから見た私	さんから見た私
1 何でもできそうな						28 意志の強い					
2 頭の良さそうな						29 味のある					
3 物わかりのよい						30 シャープな感性の					
4 知的な						31 静かな					
5 しっかりしている						32 穏やかな					
6 頼りになる						33 てきぱきとした					
7 信念のある						34 かわいい					
8 責任感のある						35 誠実な					
9 堂々たる						36 親しみやすい					
10 心配りのある						37 思いやりのある					
11 まじめな						38 きたえられた					
12 公平な						39 親切な					
13 礼儀正しい						40 落ち着いている					
14 清潔な						41 優しい					
15 決断力のある						42 愛想のよい					
16 勇敢な						43 寛大な					
17 エネルギッシュな						44 率直な					
18 強い						45 素朴な					
19 陽気な						46 気取らない					
20 無邪気な						47 温かい					
21 人なつっこい						48 兄のような					
22 活発な						49 姉のような					
23 ユーモアのある						50 さわやか					
24 好奇心旺盛な						51 おおらか					
25 控え目な						52 ねばり強い					
26 物知りな						53 人情のある					
27 我慢強い						54 正直な					

図3　私の四面鏡　ワークシート

写真 11　ブラインドウォーク

写真 12　コラージュ

かったGさんですが、他者のよいところはすんなりと見つけることができるようでした。

記入したお互いのイメージを伝え合う作業に移ると、先ほどまで丸がつかなかった自分自身の項目に、仲間から伝えてもらうことでだんだんと丸が増えていきます。Gさん自身は、他の人も自分には丸を一つもつけてくれないのではないかと思っていたので、驚いたような恥ずかしいような表情をしながら発表を聞いていました。顔には自然と笑みがこぼれているのが印象的でした。

最後の感想では、「みんなから見た私が知れてよかった」「少しは前向きになれた気がする」と書かれ、ワークを行うことで今までになかった自分への感情が芽生えはじめていることがうかがえました。

私の四面鏡というワークは、自分から見た自分と他者から見た自分の違いに気づいていくものです。自分にはよいところがないと思っている子どもは、最初は筆が進まず困ってしまったり自分自身を客観的に見ることが恥ずかしかったりするようです。このワークでは、自分自身の視点だけではなく他者からの視点も入り、より自分自身を多角

写真 13　共同絵画

的に見ることができます。また、自分自身も知らない一面を友達に伝えてもらうことで、だんだんと自信をつけ、自己肯定感の高まりにつながっていきます。

Ｇさんも、自分のよさに気づいていく最初のきっかけになるとともに、丸がたくさんついたシートを見ることで、視覚的に自分自身の特性を見つめているようでした。なかには、ワークでの体験があまりに嬉しくて、完成したシートを自分の部屋に飾っているという子どももいます。メンバーを変え定期的に行うことで、少しずつ自己肯定感が育まれていることを実感しています。

その他のワークとしては、ブラインドウォークやコラージュ、共同絵画等、グループワークを通して人とのつながりを深めていくものを中心に実施しています（写真11、12、13）。

人とのかかわりを避けている子どもにとっては、恥ずかしい気持ちがあり、時にはやりたくないワークもあるので、ネガティブな感想がみられることもあります。しかし、そのネガティブな感想も子どもがその時感じている気持ちとして受けとめ、丁寧にフィードバックしていくことでワークへの参加の姿勢が少しずつ前向きなものへと変化していきます。グループの構成として、あまり自己主張する子どもがいない場合には、リーダー（スタッフ）がお手本を見せたり積極的な自己開示をしたりすることで、人とのかかわりのモデルになることも意識しています。

また、巻末にグループワークの参考となる文献として國分康孝・國分久子（編）『構成的グループエンカウンター事典』や國分康孝（監修）『エンカウンターで学級が変わる』のシリーズをあげておきます。

（3）子どもたちはどう受けとめ、どう成長したか

「あゆみタイム」の子どもたちの反応はさまざまです。グループワークということに抵抗をもっている子どももいますが、繰り返し実施することで少しずつワークに慣れて仲間との交流を楽しめるようになっていきます。初めて「ＡＳＵ」に通うようになった子どもにとっては、仲間づくりの大切な時間となっています。

ここで、グループへの参加に抵抗を示したＨさんの例を紹介します。

初めて参加したＨさんは、最初はワークやグループへの参加に抵抗を示し、教室の後ろで

見学することになりました。原籍校で孤立してきた子どもにとって、グループへの参加は大きなハードルになっているようでした。まずは、見学からはじめ、ここなら大丈夫という安心感が芽生えるときを待つことにしました。グループには入れないものの、Hさんはワークを行っている他の仲間が談笑しているのを見て一緒に笑ったりする姿がみられ、授業に対して少し興味を示してくれたようでした。その日のふりかえりシートには、「あまり楽しくないだろうなと思ったけど、見てるだけでも思ったよりとてもおもしろかった」と書かれており、拒否感は少し軽減されたようでした。初めて参加する子どもに対しては、無理に参加を促すよりはまずは同じ場所で同じ時間を共にして、安心感を抱いてもらうことが大切だと考えています。

次の週も、同様にお互いを知り合うワークを設定し、Hさんにも参加を促すと「今日は参加してみます」と担任の先生にも付き添ってもらい初めて参加してみることになりました。発言や意見はみられませんでしたが、「みんなのことをいろいろ知れてよかった」「みんなのことをもう少し知りたいです」という感想が書かれ、最後の行には、「私のこともみんなに知ってもらえるように頑張ります」と小さな文字で書かれていました。

Hさんのように、来室当初は緊張が高くマスク姿でフードを深くかぶり、問いかけにもほとんど応えてくれないような日々が続く子どももいます。人との交流を避けているようにもみえますが、仲間との交流を通して少しずつ笑顔がみられるようになり、人との交流を楽しめるようになると授業への参加の姿勢も前向きなものに変化していきました。ふりかえりの感想も、「楽しくなかった」「もうしたくない」というネガティブなものが続くときもありましたが、ワークを繰り返すことで、「少しは前向きになれた気がする」というポジティブな感想もみられるようになり、自分への自信や自己肯定感を取り戻していっているようでした。仲間づくりのワークを繰り返すことで、次第に「あゆみタイム」の時間を楽しみにしてくれるようになり、仲間との交流を楽しみながら人間関係を学んでいく姿が見られるまでになっていきました。

この変化を支えた要因として、まずはスタッフや仲間の受けとめようとする姿勢に支えられ「ＡＳＵ」という場所が安心できる居場所となったこと、その居場所に仲間ができたことが大きく影響していたと考えられます。自分を安心して出せる場所、自分を認めてくれる仲間がいること、これらが子どもたちの心を確かに育んでいっていることを日々実感しているところです。

(4) グループワークのなかで動く人間関係

ここで、お互いに信頼関係を築いたＩさんとＪさんの例を紹介します。

誰に対しても引っ込み思案だったＩさんは、グループワークのなかで仲間との交流を通して大きく変化していきました。最初の頃は、グループワークに対しても後ろ向きであまり積極的な参加はみられませんでした。浮かない顔をして何かおもしろくなさそうな表情をする日々が続きました。また、グループワークに参加しても、自分からは働きかけはせず受身的な様子が続いていました。

そんな様子を見た一学年上のＪさんが、Ｉさんのことを気にかけるようになり、声をかけたりグループワークへの参加を促したりするようになりました。Ｊさんは、周りのみんなが気持ちよく過ごせるように調整役を担ってくれているようでした。そんなＪさんの働きかけを受けて、Ｉさんは自分の居心地のよい居場所を見つけていきました。また、交流が深まっていくと、「○○さんはすごい！」という感想がみられるようになり、仲間のよいところにも目を向けるようになっていきました。

この変化の基盤には、ＩさんとＪさんの親密な二者関係が大きく影響していたと考えられます。親密な二者関係を築けたことは、Ｉさんにとって初めての体験であり、その関係を支えとして他の仲間との交流へと踏み出していったことがうかがえました。

さらに、この背景には、自分がしてもらって嬉しかったことを人にもしてあげるという連鎖が起こっていたようです。Ｊさんも来室当初は慣れない生活のなかで不安を抱えていました。そんなとき、声をかけてくれたり温かく受け入れてくれたりした仲間の存在が大変嬉しかったようです。そんな体験を経て、今度は自分が誰かのためにという思いを強くもつようになっていきました。仲間との交流を通して、温かな人間関係が育まれ、その感覚を基盤として今度は他の誰かにその温かさを伝えていくということが行われているようでした。こうしたよい人間関係ができてくると、グループ全体の雰囲気も大きく変わり、交流の促進がみられ、気づきも深まっていくようになります。

こうした変化は、日々子どもたちの関係性のなかで生じており、こうした変化を見逃さないことと、その時に合ったグループワークの設定やリーダー（スタッフ）からの介入が非常に大事であると感じています。

（5）明日を切り拓く「あゆみタイム」

以上のように、子どもたちはそれぞれ違った考え方や感じ方をして、気づきや学びを深めています。人それぞれ違っていてよいということに気づくことで、子どもたちが自由に自分を表現することができるようになっていきます。

この体験の積み重ねが、子どもの服装や表情、言動に大きな変化をもたらしていくことを目の当たりにしています。子どもたちの姿からは、今までの自分を受け入れ、新たな明日に向けて力強く歩んでいこうという力強さを感じています。その歩みを少しでも手助けできるように、日々共に歩みを進めているところです。子どもたちが、自分自身の明日を自ら切り拓いていくことを心から信じています。

5　ＡＳＵのカウンセラーの仕事

（ＡＳＵ主任カウンセラー　千原雅代）

（1）ＡＳＵでカウンセラーは何をしているのか？

①　ＡＳＵのカウンセリング体制

ＡＳＵでは三人の非常勤臨床心理士がおり、教師との連携のもと、子どもや保護者とのカウンセリングおよびＡＳＵ教師や市内学校とのコンサルテーションなどを行っています。ＡＳＵのカウンセラーの仕事は以下のようなものです。①ＡＳＵに入室するときの初回面接、②子どもおよび保護者との継続的なカウンセリング、③教師とのコンサルテーション、④事例検討会や支援委員会への参加、⑤あゆみタイムの担当、⑥ＡＳＵ全体のスーパーヴァイズ、⑦危機介入時等の訪問面接　⑧市内の不登校の児童生徒および保護者のカウンセリング、⑨不登校の児童生徒を抱える市内学校の教師とのコンサルテーション、⑩来談者に関する他機関との連携です。

面接枠が限られているカウンセリングの枠はほぼ常に予約で埋まっている状態です。また、五〇分の面接時間を確保することが困難であるため、筆者の場合は四五分で一日九枠設けたこともあります。

② 構造化されたカウンセリングについて

ＡＳＵでのカウンセリングは、原則として週に一回で、何曜日の何時からと各来談者（クライエント）とカウンセラーとの間で決められています。また、あゆみタイムを担当するカウンセラーは、原則としてＡＳＵに通室する子どもの相談は担当せず、体験活動の場や学習の場には参加しません。

このように、子どもたちが日々過ごす時間・空間とは異なった時間と空間として、カウンセリングの場を作ることを、専門的には、面接を構造化するといいます。これは、力動的なカウンセリングを実践するうえでは基本的なことです。河合（一九八六）が指摘する通り、日常的に会う関係では、面接の場が子どもや保護者にとって、普段とは違う「非日常」の場とならないため、特別に枠を設けて関係を深めていくのです。なかには不安になったときに毎日相談したいと言われる保護者もおられますが、それを安易に受けていると、過度に依存的になり、カウンセラーに答えを求め自ら考えようという姿勢が甘くなってしまうことがあります。それゆえ、週に二回にすることはあっても、原則として頻繁に連絡を取るようなことはありません。カウンセラーの側も本当に心配で連絡を取りたくなることもありますが、そこをもちこたえ、不安や不満もぶつけていただき、関係を深めていくことのほうが、相談に来られる方の役に立つと考えています。

なお、こうしたモデルは、医療モデルと呼ばれ、連携やネットワークによる支援や訪問面接をする立場からは、「何をやっているのかわからない」「連携が取りにくい」という点で批判されることがありますが、医療モデルは、カウンセラー自身の内的治療構造が安定しており、カウンセリングの流れが見えていれば、連携やネットワーク支援とはそう矛盾しません。というのも、そこでしっかり面接をすれば、保護者や子どもが元気になっていかれ、それを教師と共有することで、双方に多面的理解ができ、よりよい支援が可能になるからです。

そのためＡＳＵでは、連携のなかに構造化された力動的カウンセリングを位置づけ、子どもや保護者の心の成長を支援しています。通常の学校のＳＣであれば、広く窓口を開き、インテンシブなカウンセリングをするよりも、多くの児童生徒や保護者の相談を受ける機能が重要ですが、ＡＳＵは少人数です。また、過呼吸や心因性の身体運動機能障害といったヒステリー症状や摂食障害、解離、離人症、著しい自傷行為、時には自殺したいという気持ちが強いなどの、大変つらい心の状態の子どもたちがやってきます。また危機的な状況では保護者の個別面接を設定し、保護者が困っていることを早急に取り上げ、一緒に対応を考える必要もあります。

面接を構造化すると、秘密保持が守られること、また良いことも悪いことも含めてカウンセラーへのさまざまな思いが出しやすくなり、それゆえ子どもの心の深いところが動き、変化が生じてくることが一般的です。そのなかで症状が消え、真に悩み、自分の生きる道を見出していくといった適切な心理的な作業が可能になります。いわば関係を深めるための守りが治療構造であると考えています。

しかしながら、時折、枠を越えて対応せねばならないのも事実です。たとえば、子どもの生命がかかっている場合、あるいは、危機介入が必要な場合、担任の家庭訪問だけでは対応できない場合などです。先述のとおり、力動的なカウンセリングにおいては、治療構造を維持することで、クライエントの心理的問題がカウンセリングのなかに持ち込まれるのですが、ＡＳＵでは、子どもたちと面接外でも顔を合わせることがよくあり、その枠の厳密な維持は困難です。そのことでカウンセラー自身が、何をやっているのか混乱することもあるため、まずは構造化されたカウンセリングを中心に据え、それを基盤にネットワーク支援や訪問面接を実施しているのが現状です。

それでは、そのような心理療法面接において、どのようなことが起こるのかを、クライエントの了解がいただけた範囲で次に述べます。

(2) 力動的なカウンセリングとは？

① 人と人との関係性をベースに考える力動的精神療法

ＡＳＵで実践しているカウンセリングは力動的精神療法といいます。それはカウンセラーとクライエントとの関係性を基本に、カウンセラーが主として心理的にかかわることで、クライエントが自己発見的に人生を歩むことを支援することです。

一般的にはカウンセラーは受容的に聞き、アドバイスをしてくれる存在と理解されています。しかし、子どもとの力動的精神療法においては、あまりアドバイスは行いません。そのような関係性では、子どもの問題が十分にカウンセラーとの関係のなかに持ち込まれないからです。子どもとのカウンセリングでは、深い関係性が成立していれば聴かせてもらうだけで子どもの力が出てきて症状がなくなり、自分が発見され、「私ってこうだったんだ」「だからこうして生きていこう」と自分の生きる物語が生まれてくることもあります。ある自傷行為の著しかった女の子は、筆者が話を聞いているだけで、自分の力で見事に自分の問題に気づき解決していきました。

しかし、カウンセラーとクライエントとの間に、もっと激しい感情のやりとりが生じることもあります。子どもたちも遠慮なく自分をぶつけてきますし、ぶつけてこなくとも、こちらは「この子は来週まで自殺せずに来てくれるだろうか」といったような、非常に苦しいところを持ちこたえていかねばならないこともあります。

まず神経症的な症状がある子どもたちの面接について取り上げます。こうした子どもたちとのカウンセリングについては、すでに膨大な成書と事例報告がありますので、一人だけ簡単に紹介します。プライバシー保護のために事例の細部は変更してあります。

中学一年生の女の子Ｋさんは、小学校高学年から中高年男性を見るとパニックを起こすようになりました。学校には男性の先生がおられるため非常に登校しづらかったのですが、ある日ついにひどい解離を起こして朦朧状態となり、学校に行けなくなりました。

入室時の初回面接でヒステリー症状が著しいことがわかったため、カウンセリングを設定し女性教師が個別対応することが決定されました。カウンセリングでは、最初はぽつぽつとしか語らなかったものの、次第に笑顔が出るようになり、五か月ほどたった頃、突然、幼い頃の性的外傷体験を思い出して語ってくれました。人は、あまりに激烈な外傷体験があると自分のなかにいくつもの人格ができたり、自分がばらばらになってしまうことがあるのですが、Ｋさんの場合も、それは幼い心を押しつぶすような圧倒的な体験でした。聞いた筆者もしばらく言葉を失いましたが、それと時期を同じくして、男性恐怖は消失しました。

しかし今度は、ヒステリー性の夢遊病状態に陥るようになりました。突然意識状態が変わり、家族に暴言を浴びせだすのでした。母親が不安になって面談されたため、母親にその意味を説明したところ、母親は辛抱づよく耐え、夢遊病状態は少しずつ治まっていきました。夢遊病状態のKさんは言いたいことを言っており、それを受けとめる家族も本当につらい思いをされたのですが、逃げることなく受けとめられた忍耐力には頭が下がる思いでした。

その後、Kさんは自分が好きな小説を筆者に貸してくれるようになりました。破壊行為を繰り返した思春期の女の子が最後は自死するという痛ましい物語でしたが、「先生、私はこれほど絶望しているの。どう？」と真正面から突きつけられたと感じました。Kさんには、自分の運命に対する強い怒りと悲しみがあったのですが、それを出してはいけない、しかし本当は泣いて怒って神様を責めたい、そんな気持ちがあったのだと思います。こうした苦しみを前に、安易に慰めたり励ましたりすることはできません。むしろその絶望と怒りをそのまま受けとめ、Kさんの心のなかから次なるものが生まれてくることを待つしかありませんでした。幸いにその後、紆余曲折を経て、Kさんはなりたい職業を見つけ、ASUから巣立っていきました。にこやかに母親に駆け寄っていった卒業式での笑顔を忘れることはできません。

② 症状から悩むこと、そして自己発見へ

発達早期の体験や、家族を含む環境が、子どもに知らず知らずのうちに影響を及ぼし、子どもはそのなかで苦闘することになる、というのは、ドルトが繰り返し指摘していることで

す。不登校の現場で、神経症的不登校といわれる子どもたちは、みなこうした苦闘のなかにいるのであり、自分の運命をどう引き受けて、大人になっていくかという点で、頑張っているともいえると思います。

ＡＳＵに来る子どもたちは、症状がある子どももいればない子どももいます。しかしいずれにせよ、カウンセリングが始まり心のふたが開きはじめると、それまで抑えていたものが動き出して状態がむしろ悪化したようにみえることがあります。しかし、それはカウンセリングが進んでいるからこそ起こってくる事態でもあります。ここを通らねば、真に自分を生き、成長することは困難です。このような過程は、第3章第1節で述べられるように、教師との間で生じることもあり、そこでコンサルテーションを行い、この過程が進むことを支えるのも臨床心理士の仕事の一つです。

さて、このＫさんのように、自分の感情を抱えることができ、他者をあまり巻き込むことなく問題を乗り越えていく人もいますが、他者と距離がとれず、自分の心のなかにあるものをすぐに言葉にしたり、人にぶつけたりして、罪悪感がないように見える人がいます。本人は自分がつかめず混乱しているのですが、結果的に人を傷つけるため、周囲に嵐を引き起こすことがあります。こうした子どもに対して、信頼関係がないまま指導を行うと、いっそう子ども自身が破壊的になり、行動面でもますます荒れることが一般的です。

ＡＳＵのカウンセリングにはこうした子どももやってきます。その過程は、カウンセラーに何度も生の感情をぶつけつつそれまで行動や言葉で本人が外に吐き出していることについて、「考えられる」ようになる過程として展開することが多いように思います。それはすなわち、目に見えないものを象徴化し、それについて考えるという心理作業ができるようになることを意味します。

こうした子どもたちと出会っていると、先が見えず、本当につながっているのかもわからず、しばしば暗中模索の不安と苦しさにさらされますが、この過程を支えるのは子どものなかにあるよいものです。ある子どもとの面接では、筆者に貸してくれた漫画のなかに、その子があこがれる人物として理想化できる同一化できるよい対象があったため筆者も心理的に支えられました。カウンセリングはすべて道なき道をいく営みであり、クライエントが発見的に自分の生きる道を創造していく過程ですが、この道なき道を行くときに支えになるのは、本人自身がもっている力であることを、あらためて教えてもらったと感じました。

このように、ＡＳＵにやってくる子どもたちは、神経症圏の不安を抱えている人ばかりではありません。精神病圏の不安を抱えている子どももおり、医療機関との連携も不可欠です。しかしこの時期に精神病的なエピソードがあっても、真に安心感と自己肯定感を得ることができれば、落ち着く子どももいます。思春期ほど変化が著しい時期はありません。環境が彼らが自分の道を見出す作業を支えることができれば、子どもたちは、さなぎが蝶になるように見事に変貌していくことが多いのです。その環境の一部である支援者には、相手の心理的問題にできるだけ巻き込まれず、相手のなかにあるよいものを見出す的確かつあたたかい目が求められるように思います。

（3）保護者とのカウンセリング

① 保護者とつながり、子どもの成長を見守り支援する

子どもの成長を支援するためには、保護者との話し合いも欠かせません。Kさんの場合は、母親と一緒に子どもの変化の意味を共有し、保護者が対応を考えていったことが、子どものカウンセリングが展開するうえで大きな助けとなりました。このように、子どもの状態に対する見立てを伝え、保護者の理解を聞きながら、さらにその見立てを共有していくこと、かかわり方をともに考える作業を、「保護者面接」といいます。一方、そのなかで保護者個人の課題が語られ、それに取り組む場合を、「保護者の個人面接」と呼びます。実際のところ、この両者は不可分ですが、カウンセラーの会い方や保護者自身のモチベーション、心理的にものを考える力や保護者を取り巻く環境などによって、いずれに比重が置かれるかが決まってきます。

保護者との面接での心理的作業は大きく三つに分けられます。一つ目は、子どもへの理解を深めること、二つ目は、思春期の親離れ子離れという心の仕事を行うこと、三つ目が保護

者の個人的課題に取り組むことです。ＡＳＵでは、子どもの心理的自立への支援を第一義に、親面接が中心になりますが、おのずと保護者自身の生い立ちに話が及ぶことも多く、希望される方には、保護者の個人面接を行っています。実際は、一つ目、二つ目の仕事のなかで三つ目の仕事が進むこともしばしばあります。

たとえば、不登校の子どもが甘えているようにしか見えず、受けとめられない保護者がおられたとします。世の中を生きていくことは厳しいのだからそんなことでくじけていてはだめだ、という気持ちがどうしてもぬぐえないとしましょう。しかし、それを子どもにぶつけることを控えて待つことができないのであれば、それは子ども自身のことがよく見えていないということでもあります。子どもは親が言いたいことはわかっていることが多く、それをさらに上乗せして言われては、反発するしかありません。したがって、まず一つ目の仕事をし、子どもに適切にかかわることができ、保護者が親としての自信を取り戻すことが大事だと考えています。

こうした親面接の在り方については、本人との並行面接という前提で、すでに述べられていますが（たとえば、乾，二〇〇九）、ＡＳＵでは保護者のみが来談することもあります。田嶌（二〇一〇）が指摘するように、不登校臨床においては、保護者をどう支えるかが重要であり、保護者のみの来談で子どもの状態が変化していくこともあります。

② 不登校の保護者へのカウンセラーのかかわり

カウンセラーは、①保護者のさまざまな心情を汲み、受容的に聴き、心理作業を支援するべくともに生きること、②適切な見立てをもち、事態が双方に理解できるよう情報収集すること、③子ども理解を共有するため、思春期の子どものあり方や子どもの心的状態について一般論も参考に一緒に考えること、④緊急性が高い場合は事態を整理するべく介入すること、⑤特にいじめなどで不登校になっている場合には、学校との連携を保ち、保護者および学校の間にたって中立的な立場で対応する、といったことを心がけます。

特に、②について初期に理解を深めていくことは重要です。親もわが子が理解できず、なぜこの子はこう神経質なのかと不安に思い、親子関係が悪化していることもあります。保護者に子どもについての見立てを説明することで、母親の疑問が解消し、自分の子育てがおかしかったのではなく、もともと不安の高い子だったのだと納得されて、より子どもを受けとめられるようになることも少なくありません。また、思春期の親離れ子離れについて話し、子どもがその観点からどのようなことをしようとしているのかを説明し、保護者が子どもから距離がとれるようにかかわることもあります。

さらに、家庭環境の混乱が子どもの自己破壊的な危険な行動につながりかねない状況では、現実的に介入することもあります。カウンセラー自身、子どもが家出し行方知れずにならないかなど気が気でないこともあります。いずれにせよ、この初期のかかわり方、面接の方向性の設定、危機介入などが、その後の流れを大きく決定していくことは確かです。

さてこの時期が過ぎると、最初の混乱がやや収まり、子どもが学校に行かないことを受け入れ、子どもとともに歩もうという姿勢が明確になってこられることが多いように思います。葛藤がなくなったわけではありませんが、子どもを責めていても仕方がないということがわかり、保護者自身がいろいろと考えられるようになってこられるのです。進学に対する不安や家庭内での葛藤などを聞かせてもらいながら、保護者自身が事態を整理し、自分で対応を決定し、親役割を安定してとれることを目標に出会っていきます。カウンセラーに対して依存的になったり、抵抗が芽生えたりして、さまざまな動きが生じてきますが、それを含めて一緒に考え生きていくことが基本です。

幸いにして治療関係が安定してくると、子どもの心の成長過程が軌道に乗りはじめ、大きな流れが生じてきます。この流れを把握することができると、現実にはさまざまなことがあっても安定してクライエントの前に座っていられるように思います。

③　面接に来られない保護者へのかかわり

最近の学校で課題となっているのは、保護者自身がひきこもり状態にある、家庭訪問しても会ってくれない等、面接に来られない保護者です。筆者の経験では、保護者自身に心的外傷があり、罪悪感や敵対心が強く、かかわらずに放っておいてほしいと思われる方が多いように思います。カウンセリングへの抵抗が高い人も多く、面接に誘うよりもまず衣食住のことからかかわるほうが効果的であることもあります。食事と睡眠について福祉的な知識ももちながら、行政や医療機関へとつなぎ、家庭が社会とつながっていく窓口になる必要もあります。心理的問題への見立てを的確にもちながら、現実的に抱えることをめざす必要があると思われます。

田嶌（二〇一〇）は、このような場合、相手のニーズはどこにあるのかを想像し、それに的確に応じていく訪問面接を提唱していますが、相手の自尊心を傷つけぬ範囲でのかかわりは不可欠であると考えます。面接に来ていた方が来なくなった場合は、治療関係を見直し、再度かかわり方を考えていかねばなりませんが、そもそも面接に来られない場合は、粘り強い訪問面接や三者面談などの機会をとらえた面接設定など工夫する必要があると考えます。

（4）裏方としてのカウンセリング――ASUに来られるようになるための支援

ASUにおいてカウンセラーの仕事は裏方です。ASUに入室したもののなかなか通えない子どももやはり存在します。著しい自傷行為がある、うつの度合いが著しく精神病圏の不安を抱えているといった場合、子どもたちはなかなか通常の学習の場に入ることができません。激しい葛藤や深い対人不安が治まり、人とかかわろうという希望が芽生えるまでが、カウンセラーの仕事になることもよくもあります。そこで実践するのは、箱庭や夢分析、遊戯療法などを含む力動的精神療法です。

はじめからそのように設定したわけではありませんが、おのずと教師との間にこうした仕事分担ができあがってきました。いずれにせよ、ＡＳＵに来られない子どもを心配し気遣う教師と見立てを共有し、「かかわりながら待つ」ことがＡＳＵのカウンセラーの基本姿勢となっています。こうした子どもたちには、教師も同時に家庭訪問をしたり、手紙を書いたりしてかかわっていきますが、カウンセラー自身も専門性に裏うちされた面接を行うと同時に、教師や外部とのコンサルテーションなど積極的にかかわる姿勢が必要だと考えています。

第3章　学校教育の場でできること

1 ＡＳＵの教師として学んだこと（元ＡＳＵ教師　當嶋　舞）

(1) 心理的な居場所づくりと寄り添い

ＡＳＵの教師として学んだことはたくさんありますが、そのなかでもとくに私が大切にしてきたことは、ＡＳＵの基本理念である「子どもとの信頼関係を育み、学習指導より心理的な支援を重視する」ということです。

ＡＳＵの教師は、一人ひとりの子どもの思いを大切に本気で向き合い、安定した二者関係を築きながら、子どもたちの集団での活動を支援していくのですが、子どもたちには集団になると一対一で見せる姿とは違う思いもよらない力動がはたらくこともあります。その力動のなかで一人ひとりの思いを大切にしながら、集団生活でもみんなが安心して気持ちよく過ごすことは常にとても大きな課題でした。人間関係につまずいた経験があり、集団活動が苦手な子が多く、集団生活の些細なできごとに再びつまずき、ＡＳＵにも来られなくなることもあります。そのためどうしたらみんながＡＳＵで安心して気持ちよく過ごせるかについて、授業よりも優先して何度も話し合いをしました。先述した通り、ＡＳＵでは「学力よりも心が育ち自立すること」を大切にしているからです。

心が育ち自立するためには、まずＡＳＵが安心できる居場所にならなければなりません。とはいえ、通室しはじめた子どもたちにとってすぐにＡＳＵが安心できる居場所になるわけではありません。時間をかけてＡＳＵに自分の居場所をみつけるのです。そしてそのために教師は「寄り添う」姿勢を大切に子どもたちに向き合う必要があります。

出会った子どもたちとのかかわりを通して、ＡＳＵが子どもたちにとって「心理的な居場所になるために」、そして私自身が「寄り添うことを大切にできる」ＡＳＵの教師であるために模索し続けたなかからＡＳＵの教師として学んだことを、事例を通して考察したいと思います。

（2）子どもの居場所をつくる

誰にでもどこかに自分がそこにいて安心できる、ただそこにいてもいいという場所が必要です。ＡＳＵには、自分が安心していられる場所が家庭にも学校にもなかったり、どこにいても不安で落ち着かなかったりする子どもが少なくありません。

Ａさんは、学校に行けなくなり家にいたときは本当に安心できて、家族からも「家にいていいいよ」と言われていたので、このままずっと家にいたいと思っていたそうです。学校にはなくても家庭に居場所があったのです。それでも「自分が学校に行かず家にいることで、大好きなお母さんが可哀想だから、仕方なくＡＳＵに来ることにした」と後で話してくれました。

①　優等生の鎧

中学二年生でＡＳＵに来たＬさんはいわゆる「優等生」でした。体調が悪くない限りは、遅刻早退もせず、いつも朝早くから来室して、大人びた表情で姿勢を正し厚い文庫本を読んでいたことを思い出します。授業中も一生懸命学習に取り組み、行事や体験活動にも積極的に参加する生徒でした。ただし常に「私に近づくな」といった距離を感じさせるようなオーラを出していました。

それでもだんだんＡＳＵの生活に慣れてくると、お姉さんのような存在で同級生をまとめてくれたり、揉めごとの仲裁に入ってくれたりするようになりました。友達との距離の取り方も上手で、スタッフからの信頼も厚く、私も何度も頼みごとをしていました。一見ＡＳＵに居場所を見つけて、ＡＳＵでの毎日を楽しんでいるように見えましたが、周りの子たちを見るよりも、大人を見る目がとにかく厳しく、「大人は嫌い」という思いが強く、頑なところがありました。

三年生になりＬさんはよくしゃべり、ＡＳＵ全体をまとめてくれるようになり、誰とでも話ができ、誰もが一目置く存在でした。周りからの期待や依存が高くなっていることが気になり、何度も二人で話をしましたが、Ｌさんはいつも「大丈夫やで」と言い、自分が読んでいる本の話や趣味の話、家族の話をしてくれるようになりました。しかし、自分の心の奥底まではなかなか話すことはありませんでした。

② 泣けないＬさんの涙

受験を控えた冬、放課後はいつもみんなで勉強をしていました。「あかん！　もう無理！先生のせいやで！　数学の森の中で迷子になった！」と言いながらいつも一生懸命勉強をしていたのですが、ある日「もう無理や……」と言うと突然泣き出したのです。Ｌさんはどんなに嫌なことがあっても小さい頃から人前では絶対に泣かない、家族以外の前では泣いたことがない子でした。幼い頃、大きな交通事故に遭ったときでも、自分の大怪我に泣くことなく、うろたえるお母さんを勇気づけ声をかけていたといいます。そんなＬさんが泣き出したので、別室に連れて行ったのですが、落ち着くどころではなく、私に抱きついて堰を切ったように号泣したのです。その時に私から咄嗟に出たのは「やっと泣けたね」という言葉でした。今まで我慢してきたものが、一気に噴き出したようでした。家庭が落ち着かない状態になってしまったことや、受験のプレッシャーなどいろいろなことが同時に襲いかかってきていたのです。それはとてもつらく苦しいことでしたが、やっと自分の本当の気持ちを話せるようになってきたのです。Ｌさんはいつも「私なんかのためにこんなにしてもらってごめん……」と言い、自分の話を聞いてもらうこと、人に心配をかけること、人に何かをしてもらうことは悪いことだと思っていたようでした。常に大人は信じられないもので、その信じられない大人が自分のために何かをしてくれることに対してどうしていいのかわからず戸惑っているようでした。そんな状態のLさんに私が伝えたかったのは、「ごめん」ではなくて「ありがとう」でいいということだけでした。

一見すぐにASUに居場所をみつけたように思える子でも、心の底から安心できて、自分の居場所だと確信をもてるようになるには、かなりの時間と心の葛藤が必要なのだと気づかされました。

③　特別な出来事より安心できる毎日の積み重ね

今では大学生になっているLさんと当時のことを振り返ると、自分でも「私に近づくなオーラ」を出していたといいます。二〇歳を過ぎている今でも、基本的に大人は嫌いだし、「大人になりたくない」と笑って話しています。ASUの教師を信用できるようになったきっかけを聞いてみたのですが、「これといったきっかけはない」と言っていました。ASUの一番の思い出は「何でもない毎日の生活」と答えていたLさんなので、何か特別なきっかけがあって、スタッフを信用できるようになったり、ASUを自分の居場所だと思えたりしたわけではないのでしょう。Lさんのペースで過ごすことができた、何でもないASUでの毎日の生活が少しずつ少しずつＬさんの心を溶かしていったのです。

（3）生徒に寄り添い、待つこと

Ｍ君は中学一年生の九月頃からＡＳＵに通室を始めました。姉も不登校で二人で長く家にいましたが、姉が先に通室しており、姉弟分離の観点から、通室開始が遅くなるという経緯がありました。入室間もない頃は、誰とも口をきかず、上着のフードを被ってしゃがみ込み固まってしまったり、仰向けになり床に寝転がって固まってしまったりすることが多く、そのようなときは当時の担任の先生を中心に「動けるようになるまであまり声を掛けずに待つ」という方針を決め、Ｍ君のペースを大切にして優先することで、姉に守られながら少しずつ集団生活に馴染み、友達もできてきました。

①　自分のペースで過ごせなくなったＭ君

Ｍ君にとって大きな転機があったのが、二年生に進級したときでした。スタッフが大きく変わり、同級生が増えてきたことで、自分のペースを保つことができなくなりました。自分の思いを上手く表現できず、暴言が増え、椅子や机を蹴り、ホワイトボードを倒したり、空いている部屋に中から鍵をかけて閉じこもったりして、Ｍ君の担任になった私はどうしてあげたらいいのかわからず、途方に暮れてしまいました。固まってしまう引き金はわかりませんでしたが、暴言や暴れる行為がみられるときにはそれなりの理由がきちんとあるはずです。M君は人を信用しておらず、とくに大人に対しては敵意をもっており、とても感受性が強いので、大人の言葉一つひとつに敏感で、行動もよく見ており、取り繕うようなことをしても、すべて見抜いていました。当時のM君の言葉を借りるなら「人間か、人間ではないか」という分け方をしていました。そんな思いを抱え、また急激な環境の変化に気持ちが追いつかないM君の、自分の思いを伝える唯一の手段が暴言であり暴れる行為だったように思います。

中学校から赴任してきたばかりのN先生が、M君が教卓の上で固まってしまっているのを無理に引きずり下ろそうとしたことがきっかけとなり、M君が暴れN先生の授業に参加できなくなったのも二年生のときでした。N先生の行動は中学校では当然のことなのですが、M君にとっては小学校のときに経験した、「見ず知らずの教師に強引に家から連れ出された」というトラウマを再び経験したようでした。事例検討会のなかではスタッフの間でもいろいろな考えがありましたが、N先生の授業の時間は別室で過ごすことになりました。N先生はこの件をきっかけに学校では当然とされているかかわり方がASUでは通用しないこともあることや、子どもの行動の意味を悪い方にしか受け取れなかったことに気づかれ、この件に真摯に向き合い、M君の成長を距離をおいて待つ姿勢を卒業まで貫かれました。

②　勉強よりも安心できる居場所づくり

Ｎ先生の授業の時間は私と一緒に別室で過ごしました。初めはなるべくＮ先生の授業のプリント学習に取り組もうとしたのですが、教科に対する嫌悪感も強くなかなか学習には取り組むことができませんでした。勉強はその気になればいつでもできます。

スタッフ会議ではいろいろな意見が出ましたが、Ｍ君にはＡＳＵで勉強よりも、「安心できる居場所づくり、安心して人を信じられるようになること」を優先すること、別室で一緒に過ごすときはできるだけ甘えさせようと決めました。他愛もない話をし、ただ一緒に冬はこたつに入り、夏は高く積みあがった座布団の山にのぼり過ごしました。

③　寄り添い、待つこと

ＡＳＵは子どもたちの集団での活動の場であり、教師は一人の子だけとかかわる場ではありません。当然集団生活をするうえでの最低限のルールもあります。また他のスタッフの思いもあり、私のなかで強い葛藤を感じながらも、私から何かを聞き出そうとせず、また私を「お前」と呼ぶことに注意することもしませんでした。それはＭ君の育ちにとって何がより重要なのかを考えたからです。暴れた後に言葉にできない思いを抱え固まってしまったときはただ黙って隣に座っていることしかできませんでした。今まで他人からそのままの自分を受けとめてもらえる安心感がなく、他人を傷つけ自分を傷つけ、それでも表現の仕方がわからず苦しむM君に「寄り添い待つ」ということは、M君の「今」をそのまま受けとめ、ただそばにいることでした。この先のM君の育ち、社会的自立を見通し、今現在どのように寄り添うべきなのかを考えると、今は不安や反発を怒りという形でしか出せない状況を否定も肯定もせずに一緒に過ごすことで、絶対に見離されない経験を味わってほしいと思ったのです。その経験からしか、他人を安心して信頼できないだろうし、安心できる人間関係を築くことができれば、怒りで自分や他人を傷つける必要がなくなり、さらには人間関係が広がっていくはずですし、M君はそれができる力をもっていると考えたからです。

こうして一緒にいると、まず「もっと早くＡＳＵに来たかったのに無理に学校に連れて行かれた」「あいつら（学校やＡＳＵの教師）死ねよ」と、ＡＳＵにならら行くつもりをしていたのに、学校に引っ張って連れて行かれたという、具体的な怒りと不満を言い出しました。私はM君に対し同情も反論もせず、「M君はＡＳＵに来たかったんやな。それを無理に学校に連れて行かれて、先生なんて信じられないんやな」というように、気持ちを整理できるようにするためにM君の言葉をまとめていきました。するとM君は少しずつ自分に今まで起きたできごとを話してくれるようになりました。幼稚園でほとんど誰ともしゃべらなかったこと、学校に行けなくなった小学校三年生ぐらいから家で魔法使いになろうと箒に乗っていたこと。印象的だったのはよく話をしてくれた夢の話でした。二年生の頃はいつも何かに追われて殺される夢や大きな虫に食べられる夢をみ、登場人物も自分と母と姉だけでした。「死にたい、死んでも誰も悲しまない」ということをしきりに言っていたことを思い出します。基本的にM君の話に意見をすることはしなかったのですが、しばしば口にしていた「死にたい」に対しては、「絶対に死んでほしくない！　死んだら私は悲しい」と言い合ったものでした。

姉や仲のよかった友達が卒業し、さらに同級生が増え、進路も考えなければならない三年生はM君にとっても、私にとっても不安のスタートでした。どうしても参加できなかったN先生の授業にも参加してみるなど、M君も苦手なものを克服しようと挑戦する様子がありましたが、やはりどうしても続けて参加することはできませんでした。そこでよかったのは、N先生がM君に無理強いすることがなく、卒業まで見守ってくれたことです。他の教師から卒業までにM君と直接話をしたらどうかという提案がありましたが、N先生も私も、それはやめておこうと決めました。M君にとってN先生に対して反省させたり、N先生からM君に謝ったりすることよりも、私から「N先生はM君のことを大切に思っている」ということを、時間をかけて普通の会話のなかで何気なく伝えていく方が、M君の心に伝わっていくのではないかと判断したからです。

他の授業でもM君は調子がよく授業に積極的に参加することもあれば、授業中に暴言を吐いたり、固まってしまって動けなくなってしまったりすることもありましたが、私はただ一緒に過ごし続けました。時間が経ち落ち着けば、なぜ暴言が出てしまったのかを説明でき、「固まっているときはそっとしておいてほしい」など自分の思いを少しずつ出せるようになってきました。

④　本当の安心感を得るために

三年生になって目立ってきたのが、私がＡＳＵから家に帰宅する際、車で送らなければ、固まるか閉じこもってしまい帰宅できなくなったことでした。「送って」と言い出したら、頑として帰りません。友達が一緒に帰ろうと声をかけてくれてもタイミングを逃せば、車で送ることさえ拒否します。Ｍ君と私の駆け引きが毎日繰り返されました。

しかしこの行動は、存分に甘えることで、本当に自分のことを思ってくれているという確信をもつために大切なことだったと感じています。振り返ると、送っていく車のなかや別室で一緒に過ごした時間はかけがえのないものだったと思います。Ｍ君は三年生になってやっと自分の心の動きを話してくれるようになったのです。お母さんや離れて暮らすお父さんに対して思っていること、学校に行かなくなって感じていたこと。自分の思いを言葉にできるようになった頃から、自分から同級生にかかわるようになり、周りの子どもたちもＭ君を理解しようとしてくれるようになり、交友関係が広がってきました。すると、見ている夢にも変化が起こり、何かに追われ殺される夢から、友達が出てくる夢に変わってきたのです。

⑤　安心感を得て自立へ

進路も寮制の公立高校に進むことを自分で決め、皮膚に感じる感触に敏感で、大嫌いだった制服も着ると言い出しました。嫌いな教科の勉強もはじめ、卒業が近づく頃には、私が車で送らなくても帰れるようになりました。何か大きなきっかけがあったのではなく、徐々に徐々に薄紙を剝ぐように成長してきた結果だと思います。人前に立って話すことなど、以前のM君を知っている人では考えられないことですが、卒業式では堂々と答辞を読みました。

卒業式の後に卒業生からもらった色紙に、私には何度も何度も消した後が残る上から「いつも助けてくれてありがとう」と、N先生には「授業出なくてごめんなさい」と書いてありました。これを見てはじめて、一緒に苦しんで一緒に悩んできてよかった、と実感できたのです。M君が私を「先生」と呼んだのは卒業してからですし、私がM君に「頑張れ」と初めて言ったのは、高校三年生で出場したインターハイ前でした。M君からは、時間をかけてただ寄り添い、待つことの大切さを身をもって教えてもらいました。

(4)　生徒の気持ちを受けとめることと指導すること

「寄り添い待つ」ということの一方で「指導する」ということももちろん不可欠です。一般的に対立するものとしてとらえられがちですが、対立するものではなく、私は両方を、バランスを取っているシーソーのようにとらえています。一見対立し離れた存在に思われますが、両者はつながっており、右に左に傾きながら、だんだんバランスを取っていくものなのではないでしょうか。それを考えるために一人の生徒を取り上げたいと思います。

① 教師に自分の思いに気づいてもらうための行動

Oさんは軽度の知的障害と持病をもつ生徒でした。中学校では普通学級に通い、障害のことはまだ自身で受けとめることができませんでした。Oさんが通室していた頃（中学二年生）のASUは、女子が多く、そのため女子のグループでのもめごとが頻繁に起こり、授業を中断しみんなで話し合いをすることが何度もありました。

Oさんは積極的に自分の考えを言う生徒でしたが、上手く言葉が見つからず、もどかしさから暴言になってしまうというのが当時の印象でした。そのため、何度も「ASUなんて辞める」と言って電話をしてきたり、教師に暴言を吐いたりすることもしばしばありました。小学校の頃から教師に対して怒りの思いを抱いており、ASUでも教師に対する自分の思いに気づいてもらうための行動はかなり長く続きました。勘が鋭く、人をよく見ているOさんは、こちらが一番腹の立つこと、図星なところを突いてくるのです。そんなOさんの思いを担任の先生が包み込み、時にはぶつかりながら卒業を迎えました。高校に進学したOさんでしたが、入学後、特別支援学校に転校しました。その年にずっと気にかけてくれていたAS

Ｕの先生が異動されましたが、Ｏさんは卒業してからも度々ＡＳＵに遊びに来て、学校で嫌だったこと、家庭のできごとをよく話してくれました。学校ではＯさん独特の自分の思いに気づいてもらうための行動を理解してもらえず、家庭環境もとても不安定になっていたこともあり、不満や不安をいつもぶちまけていました。

②　指導することと逃げ場をつくること

しかし、もう高校生。卒業して社会にでる直前としては、厳しい家庭環境であるとはいえ、社会に出ては通用しない考えやその場限りの自己中心的な考え方に対し私は「その考えは甘い」「そんな話をするなら帰りなさい」とはっきりと言いました。家庭環境や障害のことを思って遠慮はしませんでした。それを乗り越えて自立しなければならないし、乗り越える力があると信じていたからです。私に厳しいことを言われ、唇を噛みしめながら、いつもＰ先生のところに行き「先生に○○と言われて怒られた」と言って話を聞いてもらっていました。そしてＰ先生に「Ｏは先生に○○と言われて、△△と思ったんやな。それは××ということちゃうか？」というように優しくＯさんの思いを言語化してもらい頭の中を整理することでＯさん自身の思いと私の思いが腑に落ちるようでした。高校生のときも、社会人になってからも、腹が立ったとき、言われた言葉に納得いかなかったとき、自分が悪いとわかっていても振り上げてしまった手をどう処理していいのかわからないとき、そして嬉しいことがあったときにＡＳＵに来てはこの作業を繰り返していました。そのなかでＯさんに対していつのまにかＥ先生と私の役割ができていました。

③ 教師の役割分担

ＡＳＵは女性教師が多いのですが、父性的なかかわりをし、子どもたちの壁となり指導する教師、母性的なかかわりをし、子どもたちの気持ちを受けとめる教師、という「役割分担」が必要です。どちらがよくて、どちらが悪いということではなく、両方の役割の教師がいることが必要なのです。特に、不安定で複雑な家庭環境や養育環境のなかで育ってきたというより戦ってきた子どもが多いＡＳＵにとっては、大人として、男性として、女性として、そして社会人としてのモデルとなるような教師の態度や姿勢も求められているのです。

現在Ｏさんは障害者の施設でリーダー的な役割をしながら仕事を頑張っています。家族を失うというつらい経験を乗り越え、障害がある事実を受け入れ、友達関係に何度もつまずきながらも好きなお菓子作りや自分を認めてくれる友達に出会い、さらに一般就労をめざして一歩ずつ前に進んでいます。よくＡＳＵに通室していた頃の話をしますが、Ｏさんは決まって、「社会のルールや友達とのかかわり方をＡＳＵで学んだ」と言っています。勉強も大切ですが、ゆっくり時間をかけながらＡＳＵは「心が育ち自立すること」を大切にしなければならないこと、受けとめるだけではなく、信頼関係のうえで指導することも不可欠であると

Ｏさんから教えてもらいました。

（5）ＡＳＵの教師として大切にしたい姿勢

最後に子どもたちと一緒に過ごすなかで学んだ、ＡＳＵの教師として大切にしたい姿勢を四つあげたいと思います。

まず一つ目は、子どもの気持ちをわかること、「共感的理解」が必要です。「共感」というと、「全面的にその子の気持ちを理解し、味方になる」というイメージが強く、受け入れ難いという声を聞くことがありますが、私はそうではないと思っています。納得いかない訴えもあります。常識で考えると「違う」と思う行動を起こす子どももいます。それをすべて許し納得するというのが「共感」ではなく、善悪や常識、自分や世間の価値基準は一旦置いておいて、「こういう考えなのか」「こう思ってその行動にでたのか」という心の動きと言動を俯瞰的に理解し、心からその一人の子を知りたい、という姿勢が「共感的理解」であると私は考えます。この「共感的理解」があるからこそ、「寄り添う」ことができるのです。

ＡＳＵに来る子どもたちは、信じるに値する大人なのか確認するために、何度も何度も大人に不信感をぶつけてきます。「俺の気持ちなんてわかるわけない！」と言われたことも何度もあります。もちろんその子のことを一〇〇％理解することはできませんが、「今はわかっていないけれど、わかりたいと思っている」ということを言葉で、行動で時間をかけて伝えます。「共感する」ということは、言うことにただ頷いて、納得がいかなくてもすべてを認めて褒めるということではないと子どもたちから教わりました。ただ同調していても、子どもたちはその姿勢をすぐに見破ります。見破って「やっぱり大人は信じられない」と判断をします。みんなのなかの一人ではなくて、その子一人と正面から向き合うということは、時にはこの子は明日から休んでしまうのではないかと心配するほど本気でぶつかり、時にはたたずみ、何時間も無言でただ一緒に過ごし、時には少し離れて様子を見守ることではないでしょうか。

「大切な家族へ迷惑をかけたくないから、思っていることは言えない、わがままは言えない」「学校がつらくなったとき、こんな思いで過ごしていた」など、家にひきこもっていたときの気持ち、迷惑をかけた家族への思いを、子どもたちは時間をかけて少しずつ話してくれます。私がASUで子どもたちと過ごすなかで気づいたことは、自分の内面を話してくれるには、長い時間をかけた信頼関係が必要だということです。無理に聞き出そうとしても口を閉ざしてしまいます。厳しい家庭環境で育ってきていたり、たくさんの傷を抱えていたりする子どもたちに接していると、どうしても「過去に何があったのか?」「なぜ不登校になったのか?」が気になってしまいます。しかしASUの教師として必要な二つ目の姿勢は、無理に子どもたちの過去を知ろうとするのではなく、未来を一緒に探していく「未来志向で目的論的に考える」ことです。話したくなれれば子どもの方から話してくれるし、話したくなければそれでいい。好きなものの話を永遠に話してくれるときがあれば、何時間もしゃべらずただ一緒にいるだけのときもあります。

そして三つ目が「心理的距離感を保つこと」です。子どもと一緒に泣いて、一緒に笑う毎日でしたが、子どもの気持ちや家庭の状況に巻き込まれてはなりません。教師として、きちんとした距離をもって、客観的な意見や現実を指導することも必要だからです。たとえば、物事を白か黒で答えを出したがる子が多いＡＳＵでは、白か黒では割り切れないグレーの部分を受け入れなければならない現実や、グレーの部分を受け入れることで、もっと気楽に人間関係を築けるということを伝えます。

子どもや家庭に寄り添い、教師と子どもが二人三脚でゆっくりと歩いているのがＡＳＵです。一方的に教師の思いを伝えても、なかなか響くことはありません。しかし、社会に出ていくためには厳しい指導が必要なときもあります。最期に四つ目は、どんなときも言葉と行動で「あなたは独りではないし、世の中はあなたが思っているより少し明るいところだよ」と伝え続けることです。

（6）子どもたちから求められていたこと

ＡＳＵに来る子どもたちは、見た目や少ししゃべっただけではわからない、厳しい家庭環境や生活状況、つらい経験をしてきている子が少なくありません。そんな子どもたちと毎日を過ごすうちにＡＳＵの教師のあり方を、子どもたちの方から教えてもらった気がします。子どもたちは本当によく大人の一挙手一投足を見ています。こちらのペースに合わせてくれる子もたくさんいます。

しかし、どれだけ信用に値する大人なのかをとても敏感に感じています。試し行動をする子どもにただ腹を立てたり、批判したりするのではなく、自分に欠けているところを見られていると真摯に受けとめ、自分自身を振り返るチャンスとする心の余裕が必要だと学びました。一緒に喜び、一緒に悲しむだけではなく、苦しくて何も声にならなくても、横にただただたずみ、一緒に苦しさを味わうこと、そして自分自身がしっかりと地に足をつけた大人であることが求められていると感じました。そのことを教えてくれた子どもたちに感謝したいと思います。

２　子どもの気持ちを理解することと指導

（ＡＳＵ主任カウンセラー　千原雅代）

（1）子どもや保護者の気持ちを理解する――カウンセリングマインドの意味

不登校や暴力問題が頻発するようになって、教員研修でも「カウンセリングマインド」に関する研修が多く行われ、これに関する書籍も数多く出版されています。しかしながら、その理解は多様です。たとえば、市原（二〇〇八）は、「カウンセリングマインドとは、共感的理解であるという人もあれば、やさしさであるという人もおり、受容であると考える人もいる」と述べています。また市原自身は「かかわりを続けていこうとする気持ち」であると考えています。ときどき、学校現場では「ただ、ふんふんとうなずいていること」と誤解されていることとすらあります。

しかし、本来カウンセリングマインドとは、もう少し専門的な意味をもつものです。カウンセリングマインドの基本にあるのは「共感的理解」という概念です。共感的理解とは、相手の身になってわかること、相手の体験的世界が自分の体験としてもわかるということですが、これ自体もまた大きく誤解されていることがしばしばです。

(2) 共感的理解について

① 共感的理解の意味

「共感」を、人と人とをつなぐものとして、精神療法に不可欠な基本的要素であると明確に述べたのはロジャーズ（Rogers, 1980）という精神療法家です。ロジャーズは、精神療法家としてスタートした初期の頃、「黙って注意深くクライエントのいうことに耳を傾けるという受動的なコミュニケーションがどれほど効果的であるかに驚いた」と述べています。ロジャーズは、共感とは、状態ではなく一つの過程であって、「その人が見ている世界のなかに入り、そこで自由に存在していることである。それはその人の中に流れ変化し続けている、その人に感じられている意味、恐れや怒り、もろさや混乱といったその人が経験しているものに、絶え間なく敏感であり続けることである。その人の生のなかに一時的に住まい、何の批評もせずにそのなかを配慮しつつ細やかに動き、その人がかすかに意識している意味、しかし、その人にとってあまりにも脅威になるがゆえに無意識的感情を全面的には表に出そうとしていない、その意味を感じることである」と述べています。この最初の部分、「その人が見ている世界のなかに入り、そこで自由に存在していること」とは、すなわち、相手がどう物事を体験しているのか、その枠組みにそって体験するということです。

さらに、その場合には、相手を無条件に肯定的に尊重し、なおかつ治療者も自分の気持ちに嘘がなく、自己一致していることとされています。筆者の体験では、カウンセラーがロジャーズの述べているような状態にあり真に共感的にかかわることができれば、ただ子どもや保護者の体験世界を聞いているだけでカウンセリングが展開していくということはあるといえます。

②　共感的理解の難しさ

しかしながら、いつもそれができるかというと、それは非常に難しいことは言うまでもありません。ふだん人は、私とあなたの境界を明確に保ち、自分とは分離した他者の心性について、相手の表情やしぐさ、言葉の調子といったノンバーバルな情報と、言葉で表現されているものとのギャップや一致を敏感に感じつつ、この人は今こういう風に感じているだろう、こういうことが言いたいのだろうと推測します。

一方、ここでロジャーズが述べている共感的理解はそれとは異なります。共感的理解の過程にあるカウンセラーは、カウンセラーをも含めてそこで展開しているクライエントの心の世界のなかに入り、それを生きていきます。たとえばある強迫神経症を抱えた中学生は、自分が食べるものには毒が入っているのではと不安になっていましたが、こういう人には他者の言葉が迫害的な響きをもって聞こえているときがあります。言った人の意図がどうあれ、関係性が緊迫していると、当人の体験としては、自分を汚し侵襲してくる悪しきものとして体験されていることがあるのです。深刻なうつ状態にあったある女の子は、「普通に歩けば一〇分で行ける通学路が、非常に長く真っ黒な地獄のような道路だ」と感じ、徒歩一〇分の道のりが歩けなくなりました。行かねばと思うけれど、まったく力が入らないというのです。このように物理的には同じでも、それをどう体験しているのかはその人によって、異なっています。

こうした体験の在り方を理解することこそが共感的理解です。この次元までいかない理解は共感的理解と呼ぶには値しません。また、ときどき共感的理解はすなわち受容と理解されていますが、受容は共感的理解の結果です。たとえば、先の女の子の通学路体験、すなわちそれがどれほど無味乾燥で苦しいものとして体験されているかがわかっていれば、その子を引っ張って連れて行こうとする人はいないでしょう。むしろその体験に寄り添い、「しんどかったね。本当によく来たね」という言葉が心の底から出てくると思います。こうした理解に基づいてその人をそのまま肯定することが受容です。

③　共感的理解を考えるポイント――相手の主体性を尊重する

共感的理解のポイントの一つ目は、相手の主体性を尊重するということです。教師やカウンセラーが主体ではなく、相手を第一に考え、寄り添うことをめざします。

ＡＳＵでは、子どもたちは、大人を教師やカウンセラーと見る前に、一人の人として見ています。あの先生の声が好き、あの先生のこのしぐさが嫌いなど、さまざまな気持ちをもって大人を実によく見ているといえます。それを子どもは勝手なことを言うととらえる人がいますが、その勝手という言葉そのものに、すでにこちらが主体であるという考えが含まれています。その子はそのように体験して生きているのですから、それをまず尊重せねばなりません。それは、筆者の感覚では、自分の感覚や感情はフルに回転させながら、同時に「私」を消すことです。自分の価値観を一度カッコにいれ、自分の感情で行動するのではなく、相手に寄り添い、そして、時にはまきこまれている自分を、極力意識化し、それを相手に役立つように生き、場に持ち込んでいく姿勢を指します。

ロジャーズも「他者とそのように（共感的に）生きるということは、しばらくの間、あなたは自己の視点や価値観を横において偏見を捨てて他者の世界に入り込むことを意味し」、それは「繊細で穏やかではあるが、複雑で厳しく強い側面をもつ」と述べています（Rogers, 1980）。

繰り返しになりますが、共感的理解においては、こちらが主なのではなく、向こうが主役です。自分の考えや感情で相手の心の流れを止めるのではなく相手の世界に内在化し、こまやかに心のアンテナを働かせることこそが共感的理解なのです。そうした理解はおのずと、そのように生きざるを得ない人間というものへの共感、あるいは、人が生きることの根底にある悲しみへと通じていくものであろうと思います。

ところで、精神科医の成田（一九九九）は、共感と解釈について論じるなかで、「共感が成立するときには自と他が心の深いところで通底する感覚がある」と述べ、それは「無私に近づくことである」と謙虚な姿勢で述べています。そこには、私の言うことを聞かせてやろうとか、すごいことを言って尊敬を勝ち得ようとかいった欲はまったくありません。またこのようにもっていこうという意図もありません。そのように他者を操作するのではなく、自分の心を掘り下げて耕し、相手の体験を想像しながら、出会っていくことが共感的理解です。人は自分の心を掘り下げたところまでしか相手のことはわからないものです。

④ 他人のことはわからないとわきまえておく

共感的理解の二つ目のポイントは、逆説的ですが、人のことはそう簡単にはわからないとわきまえておくことです。ここで先の問いに戻りますが、虐待体験のあった人の気持ちが虐待を受けたことがない人にわかるか、というと、とてもわかるなどとはいえません。それは、面接で長期にかかわり、こちらもクライエントに責められたり、怒りをぶつけられたりして、クライエント本人が味わってきたであろう無力感や恐怖を味わい、似たような感情を抱いてはじめて、ようやく少しわかるようなものです。

第1章で取り上げた落ちる夢を見ていた女の子が何を感じているのかは、夢を聞いて、底の抜けそうな落ちる不安を理解してはじめてようやく少しわかったといえるのではないでしょうか。共感的理解というのは、そうした営みを指すのであって、子どもが生きている心の世界の様相を体験的に知ることなのです。

真剣にかかわっていくと、ときどきは誤解も生じるのが人間関係です。その誤解をともに考え、そこから自分には何がわかっていなかったのかを発見することこそが、共感的理解につながるといえます。

（3）共感的理解をどう育てるか

それではこうした共感に近づくために、何か道筋はあるのでしょうか？　その一つとしてＡＳＵが取り組んできたのは、他者を常識的に見るだけではなく、その人が生きている心の世界があるという考え方で他者に対することです。当たり前のことのように思われますが、ここでいう心の世界とはその人が生きている心のイメージの世界を意味しています。

言語化能力の高い人はこの心的世界を言葉にできるだけのせて表現されますが、イメージに託して語られる場合も多くあります。たとえば、ＡＳＵでは入室のときに、抵抗感なく描ける人にはバウムテストといって実がなる木の絵を描くというテストをお願いしています。そのなかで、虐待を受けており途中で幹が折れてしまったような痛ましい絵を描く子どももいれば、うつ気分が強く、用紙のすみっこに小さな木を描く子どももいました。隅に描かれた小さな木は、まるで萎縮して世界の片隅に存在しているかのようでしたが、まさしくこの人は、うつ状態で小さくなって自分をまったく出さずに息をひそめて生きているのでした。このようなイメージを介して、その人の世界体験のありようを伝えると、先生方にもその子がどんな気持ちなのかを理解していただきやすくなるようです。

またかかわる者にとっては、日々自分のことを振り返ることが何よりのトレーニングです。自分が相手はこう思っているだろうと想像して相手に見出すものは、多くは支援者自身の心のなかにあるものです。破壊的なものが心のなかにうごめいている人は、他者に破壊性を見出し、世界に対しておびえます。したがって、相手に自分が何を見出しているのかに気づくことこそが、支援者のトレーニングになると専門的には考えられています。ASUの事例検討会では、スタッフの受けとめ方が問われることもありますが、それは自分の受けとめ方の癖を知って、より大きく成長するためのものです。こうした理解がないと、子どもの表面的な問題行動のみを見てネガティブな感情をもち、よけい事態をこじらせることになりかねません。

このような感性をもってはじめて、子どもたちはもともと他者とつながれる可能性を信じていないか、あるいはつながろうとしても抵抗が起こってきてうまくいかないのだ、といった事態が見えてくるように思われます。問題行動は問題行動ですが、こちらへの信頼がない分、いっそうそういう行動が助長されているのであって、大人の受けとめ方が変われば、いわゆる「問題行動」も収まっていくことをＡＳＵでは体験してきました。そのため、自分の見方に偏りがあることを知り、どういう目で見ていることが子どもたちに役に立つことになるのか、それを考え続けることが私たちの仕事であると考えています。

（4）共感的理解と指導とは矛盾する？

①　共感的理解についての誤解

ところで、こうした共感的理解と、学校で生徒を呼び出し注意するような生徒指導とは、学校現場ではしばしば対立するものとして理解されています。共感的理解をベースにするカウンセリングマインドは、いつのまにか現場では、大して心のエネルギーを使わずに「ふんふんと言っていること」「ただ話を聞いていること」とすら誤解されています。だから役に立たないといわれるのですが、そのような聞き方では役に立たないのは当たり前です。共感的理解とは先述のとおり、ただ「なんでもいいよ」ということではありません。相手の主体性を尊重するという点では受容することでもありますが、まずは相手の体験にそって相手が何をどう体験しどういう気持ちでいるかを理解することです。したがって、その両者は本来、決して対立するようなものではなく、むしろ、適切な指導のためには共感的理解こそが不可欠であると考えます。

こうした共感的理解をもちつつ、やってはいけないことだというルールは示し、とんでもないことをしているのだと気づけるようにもっていくことこそが、真の指導ではないでしょうか。「盗みを働くなどなんという悪い子だ」といった子どもを全否定するような対応には、共感的理解はまったく働いていません。また、「なぜそれをしたのか考えて反省しろ」と指導されることがありますが、子ども自身にわかっていないことを考えろと言われても一人ではどうしようもないように思います。そこには一緒に考えてくれる人が必要です。考えるためには徹底して話を聞かねばならず、こちらも一緒にわかっていくこと、またこちらに向けてこられる「どうせ」といったあきらめや無力感、甘え等々を一緒に生きていくことが大事だと子どもたちは教えてくれました。それゆえ、現在のところ、子どもが自己発見し、自分で考え、そのような行動をとらなくともよくなるまで、共感的理解に努めつつ、ここぞというときには子どもと向かい合って、こちらも自分自身をかけて壁になることが大事であると考えています。

なお、この過程の途中で支援者の方が揺れ動き、せっかくの子どもの成長をこちらが壊してしまうことも起こり得ます。たとえば、スタッフが不安になって動いてしまうと、本人との関係性に亀裂が入ります。そうした場合、ほんの一言で関係が切れてしまうことも十分あり得ます。うまくいきかかった指導が中断するのはそうしたときです。ここでお互いが再び出会い、子どもはこう感じていたのだということを大人が受けとめられれば、関係がより深まっていきますが、何度も同じことを繰り返すと、やはり子どもからは信頼を失ってしまいます。こうした落とし穴に落ちることなく、支援者がその過程に寄り添い続けることではじめて、子どもは自分自身を発見し自分を生きはじめることもＡＳＵで学んできたことです。

このように、共感的理解と指導は、決して対立するものではありません。むしろ共感的理解のない指導では一方的なものにならざるを得ず、共感的理解を隠れ蓑にした受動的な対応では、相手の問題と結託することになります。これらの対応では結局相手の役には立てないままです。本来、共感的理解と指導とは、表裏一体のものであろうと考えます。

②　指導のもつ心理的意味——象徴的去勢

ところで、学校現場では指導は基本的な営みとされています。教師という権威をふりかざした上から下への指導や、教師との信頼関係がないままの指導は逆効果ですが、よい指導、子どもがのちに教師に感謝するような指導は確かに存在します。その意味を精神分析的に述べるなら、「象徴を生む去勢」ということになります。

「象徴を生む去勢」とは、ドルト（Dolto, 1984）の概念ですが、ドルトの考えでは人は成長するなかで、少しずつ規範を取り入れ甘えを心のなかにしまい込み、同時に象徴的な世界を獲得していくと考えられています。「象徴を生む去勢」とは、欲望を禁じられることで、子どもがより乳幼児的な甘えや欲動、快感をあきらめて、社会化されていくことを意味します。

ここではそうした去勢の一つである「肛門期去勢」について述べます。ドルトはフロイトの欲動論を基本に考えているため、一般の方には聞きなれない肛門期といった言葉が出てきますが、二歳から五歳ぐらいの、自分で大便ができるといった自律的な動き、体を洗う、服を着る、片付けをする、自分のことは自分でするといった自律性が主たるテーマとなる時期を指します。ドルトによれば、こうした行動が可能になるために必要なのが、肛門期去勢です。その意味は二つあり、一つは集団生活に必要な行いを母親に助けてもらっていた状態を抜け出し分離すること、二つ目は、二人の人（自律しつつある子どもと去勢を与える大人）との間で交わされた、有害な行動に対する禁止です（Dolto, 1984）。「害になるような危険な行動はしてはいけない」「自分が他人からされて嫌な行いを他人にしてはならない」という禁止です。それが子どもの心のなかに内在化されてはじめて、子どもは己の行動を律することができ、去勢を体験した者同士、快感を互いに与えながら自由にふるまえるようになります。

③　心理的去勢を与えられる大人とは？

ドルトは、こうした心理的去勢を大人が子どもに与えようとするときには、大人自身がこの肛門期去勢を経ており、自分もそのルールに従っていること、子どもから尊敬されていること、社会の一員として子どもから信頼されていることが必要であると述べています。

学校で、暴力行為や器物損壊をする子どもは、この去勢をまだ経ていないと考えられます。

その結果、いわゆる規範意識が内在化されておらず、自己破壊的になんでもやってよいと思っている状態にあります。それゆえ指導上は「それは違う」とはっきり示すことが不可欠です。ただし、その前に子どもから、信頼され、人として認められていることが必要なのです。

また、心理的去勢は、殴ったりして体で行うものではなく、象徴的に、すなわち言葉で行われるものであるとドルトは繰り返し主張しています。手で殴るのではなく、言葉で殴らねばなりません。しかも、言葉で殴るときに必ずしも厳しく言う必要はありません。

ある教師はカンニングをする生徒を指導するために、クラス全体に「このなかに心の弱い人がいるようだ」という一言を発されたのですが、それを言われた子どもは、矢が心に突き刺さったように自分を恥じ、それをやめたと語っていました。このような指導は象徴的去勢の意味をもっています。去勢を受けることは、同時に乳幼児的な万能感の世界から脱することでもあります。そうしてはじめて人は姿勢を正すことができるのだろうと思います。

そこでのポイントは、大人の言うことを聞かせるとか、教師が上の立場であることを示すとかいったことではありません。そうではなく、子どもの主体性を尊重しながら、自分で決断し、ことに向かえるように支え、退行的な動きからの脱出を支援することです。

なお、こうした心理的去勢をカウンセラーは行わないとよく誤解されていますが、力動的精神療法においては、治療構造や治療者の内的な態度を通して、心理的な去勢を生み出すことは不可欠です。それなくしては、深い不安を抱えた人々と最後まで一緒に仕事をやりきることはできません。ただアドバイスをし、クライエントの依存を招いても、こうした去勢の動きなくしては、相手は子どもの心性に止めおかれ、主体的な自己形成は困難になることでしょう。それではカウンセリングにはなりません。

④ 筋を通すということ

河合（一九九八）は、このことを「筋を通す」と表現し、ある教師が行ったすぐれた指導について述べています。それはある男子高校生への対応事例ですが、彼はむしゃくしゃして、後輩の女子中学生のもとに性的なことを書いた手紙を出してしまったのでした。女子中学生の母親から相談を受けた中学校の先生は、それを書いたのが中学校時代に模範生だった彼だと気づきました。そこで彼をそれとなく呼び出して話を聞いたところ、すぐに認めて詫びたものの、「自分の母親は大変怖い人で自分の成績が少しでも落ちると三日間口をきいてくれない、だから絶対に言わないでほしい」と言ったそうです。そこで先生は迷うのですが、筋を通さねばと思い、「やはり君のやったことは、女の子の心をどれほど傷つけたかわからない。それだけ大変なことをやっておいてお母さんには言わないでほしいというのは、自分は納得できない。言わざるを得ない。ただし君の気持ちもわかるし、お母さんの気持ちもわかるから話し合いに行く」と言って母親と話し合われたと述べられています。

この先生は、子どもの気持ちも汲みながら、見事に「人の嫌がることはしてはいけない」という肛門期去勢を与えているといえます。ここで「それでは言うのをやめておこうか」となると、子どもの抱えている心理的課題をとらえる機会を逃し、相手の課題と結託することになります。そうではなく、徹底してカウンセラーとしての基本姿勢を貫き、自分の行動の意味を本人が考えられるようにかかわることが必要だと考えます。

(5) 子どもたちの破壊性が発揮されるとき

この高校生は、幸いすぐに反省し、母親も問題に気づいて、親子の間で真剣な対話がなされ、親子関係が改善しています。しかしそううまくいく場合ばかりではありません。

抱えられた体験の少ない子どもたちは、自分のこととして受けとめられないことを、言葉や行動、あるいは症状として、周囲に向かって吐き出します。カウンセリングであれば面接を休むこともありますし、カウンセラーに対して厳しい一撃を食らわせることもあります。

その時には、それに感情的に巻き込まれるのではなく、相手に報復するのでもなく、受けとめ、これはこうと整理しながら、ときには自分の非を認める態度で臨むことができると、そこから互いの成長が生まれてきます。これは自尊心が傷つく大変苦しいことであり、またどうしてもある程度はまきこまれ、失敗してしまうものですが、苦しいからといって子どもや保護者のせいにするのではなく、持ちこたえ、考え続けるしかありません。せっかく反発してくれているのだから、そのことを大事にし、理解できていないことは理解するように努め、しかしこれは違うと思うところは、対話し続けるしかないように思います。必ず、そこから学ぶものがあります。

なお、指導しようとすると、関係を切ってひきこもってしまうという言葉を聞くことがあります。しかし、もしそういう結果になったとしたら、それは支援者の側の共感的理解が不足していたか、見立てが甘かった可能性も考える必要があります。子どもは尊敬している大人のいうことにしか耳を貸さないため、子どもと自分との関係性へのアセスメントが乏しいと、このような事態が生じます。ＡＳＵでもこのようなことが起こりましたが、しばらく時間をおき、子どもの気持ちが落ち着くのを待って、話し合うことを続けてきました。特定のスタッフをまったく受け付けなくなった子どももいますが、最後にごめんなさいと言える成長を見せた人もいます。

教師にせよカウンセラーにせよ、子どもや保護者と真剣にかかわっていれば、いずれは双方の変化を生むものであると思います。むしろ、自分の考え方に変化がなければ、自分が思っているほどには、かかわっていなかったのかもしれません。そういった意味で自分の心を耕していくことこそが、支援者としての基本姿勢ではないかと思います。

（6）ＡＳＵにおける教師とカウンセラーとの連携

ＡＳＵでは、教師とカウンセラーは、日々連携し合っています。学習や行事、さまざまな諸事務はすべて教師が担当し、カウンセラーは子どもおよび保護者との面接や心理教育を担っています。

こうした異なる職種が混在する集団で、もっとも成果を出せる集団とはどのような集団でしょうか。それについて、家近（二〇一五）は、もっとも成果を出せる集団は、「ほんものチーム（real team）」と呼ばれることを紹介しています。「ほんものチーム」では、メンバーが目標を共有しており、さらに各メンバーがそれぞれの役割を果たしながら、自分の領域を超えて補い合い、しかもゴールとメンバーの責任が明確であり、また、他のメンバーの達成をみなが喜ぶことができる特徴をもっていると述べられています。

ＡＳＵの場合は、立ち上げの頃は、子どもの学校復帰よりもＡＳＵで心理的・社会的に自立する力を養うことを目標にすることを、毎週の事例検討会を通してスタッフ間の共通理解へと育てていきました。大学教員である臨床心理士が入り、子どもをどう見立てるのか、ＡＳＵではどうかかわっていくのかを中心に、事例検討会と議論を行いました。そこで目標やかかわり方の方向性が定まっていったのですが、ＡＳＵは教員採用試験に合格してやめるなどスタッフの入れ替わりが多いため、入れ替わりのたびに、再度その点が問題とされ、体験的に理解する過程を繰り返してきました。

現在、再度ＡＳＵで合意形成できている目標は、原点に立ち戻って「学力保障よりも心理的支援が先であり、学校復帰ではなく、子どもが社会的に自立できる力を育む」ということです。もちろん学校復帰する子どもがいれば、それは惜しみなく支援しますが、ＡＳＵ自身が学校であるため、じっくりゆっくりＡＳＵで自立の力を育むことが大事であることが再度確認されています。そう結論づけたのは、子どもの葛藤や家族の課題などが乗り越えられない限りは、仮に学校復帰したとしてもまた行けなくなる子どもが現れたためです。スタッフが学校復帰をよいことだと思い、それを勧めだすと、子どもはそれに乗って頑張ろうとします。しかし、準備が整っていなければ、結局、再び同じ状態に戻ってくるという痛い体験をしたのでした。その点をあらかじめ共通理解できなかったことが当時のＡＳＵの課題であったと思います。

現在は、社会的自立のためには焦らずしっかりとエネルギーをかけながら待つことが大事だということも浮かび上がってきました。こうした支援のあり方は、いくら口で言われても、自らが納得していなければ血肉とはなりません。ＡＳＵのスタッフは、痛い思いをしながら、多くの子どもたちからそのことを学んできたといえます。

また、役割を超えたうえでの相互連携という点では、ＡＳＵでは、教師とカウンセラーという仕事の違いははっきりありますが、教師がカウンセラーのような役割を果たすこともあります。またカウンセラーも象徴的去勢が必要だと判断した局面では、「それはどうなの？」と真剣勝負をくり返し、怒りや不満を受けとめながら、子どもがそれを受け入れられるようになる過程をともに生きていきます。このように、本来、すぐれた教師の行うかかわりと、カウンセリングの過程で生じる人間関係や事象は、本質的には似ている点があります。カウンセラーも限界設定やここから先は譲らず話し合おうという子どもとの対決が不可欠です。カウいずれも、自分にないものを育てていくしかありません。子どもたちが私たちに与えてくれるのは、そのような心の仕事です。

3　発達障害を抱える子どもたちへの支援

（ASU主任カウンセラー　千原雅代）

(1)　発達障害を抱えた子どもたち

発達障害とは、子どもの発達において特定の偏り（Disorder）が生じている状態を指します。アメリカ精神医学会の診断マニュアルであるDSM－5では、自閉症スペクトラム障害（ASD）、注意欠陥多動性障害（ADHD）、学習障害（LD）の三つのグループに分けられますが、それぞれ人とのかかわりが苦手、多動・不注意、認知特性により学習が困難といった特徴をもっています。これらの子どもたちには、認知や行動についての理解と配慮が必要であるため、節を分けて述べたいと思います。

こうした診断を受けると、子どもの脳に問題があってそれは一生変わらないのだと落胆される保護者が少なくないのですが、支援があれば、子どもたちは基本的な特性は残しながらも、状態像が変わっていく可能性があります。

近年の研究の結果、発達障害は、いくつかの遺伝子が環境との相互作用のなかでスイッチが入って発現すること、すなわちエピジェネティクスという環境との相互作用があることが明らかになってきましたが、たとえばＡＳＤの場合、生得的な素地があるのは確かですが、「遺伝子・危険因子→脳→自閉症スペクトラム発症を説明するストーリーは一貫したものになっておらず、経過も不明な点が多いうえに、その間の時間に沿った変化のプロセスが手に取るようにわかるまでには至っていない」状況です。また社会性が伸びれば、診断ＡＳＤからＬＤに変わることもあります（杉山、二〇〇〇）。それゆえ、一人ひとりの特異性に配慮しながら、子どもが安心できる関係を提供し、本人理解をもとに、生きにくさやそれへの対応について一緒に考え、本人が一つずつ自信を積み上げていくことが基本です。

（2）発達障害の子どもは不登校になりやすい？

それではこうした特徴をもつ子どもたちはどのくらいいるのでしょうか？　また発達障害の子どもは不登校になりやすいのでしょうか？

文部科学省（二〇一二）は、小中学校の普通学級に在籍する五万三八八二人の児童生徒について教師に質問紙調査を行い、六・五％の子どもが発達障害であると推定しています。また、宮本（二〇一〇）は先行研究をレビューし、医療機関を受診した不登校の子どものうち発達障害を抱える子どもは、約二〇～三〇％であると述べています。その内訳は、ＡＳＤを抱える子どもがもっとも多く（五二・八～七五・八％）、さらに知的障害を抱える子どもが約二〇％存在するとされています。発達障害を抱える可能性がある子どもが全体の六・五％であるのに対し、不登校で医療機関を受診した子どものうちの二〇～三〇％が発達障害を抱えているとすれば、発達障害があることは不登校のリスクを高めることを示唆しているといえるでしょう。しかし、現実にはクラスのなかで支えられ伸びている子どもも少なからずおり、発達障害だから不登校になるともいえません。

ＡＳＵでは特別支援担当教員がいないために原則として発達障害を抱える子どもは受け入れていませんが、学校での対人トラブルから不登校になったり、いじめがある場合などには、緊急避難と心理的安定および学力保証のために受け入れてきました。また、ＡＳＤのみなら

になっています。

しかし、逆に環境が適切にかかわることができれば、彼らの状態像も変わってくることも事実です。次にそうした成長過程を生きていったある女の子を紹介したいと思います。

② ＡＳＤを抱えていたＱさんが不登校を抜け出し自立するまで

次に紹介するＱさんは、当時高機能自閉症と診断され、小学校の間六年間不登校でした。Ｑさんと筆者との出会いは彼女が中一のときでしたが、入学式に行ったきりまったく登校せずカウンセリングに母子ともに来談したのでした。Ｑさんはカウンセリング開始当初は自閉的な心性が強く、ほとんど会話できないような状態でした。しかし、Ｑさんのある言葉をきっかけに筆者がポプリ作りを提案し、においを介して交流したところ、徐々に心を開いてくれ、自分の大事にしているぬいぐるみの話を、まるで心の秘密の花園をそっと開示するかのように語ってくれました。その後表情がぐんと明るくなり、犬を飼いはじめ、面接ではずっとゲームと犬の話を語るようになります。また自分の好きな音楽の世界を語ってくれるようにもなり、歌詞の話から、「私には私の道がある」と言い切って、通信制高校へと進学しました。その後、学校では生徒会長を務め、好きな男性と交際を開始、さらにはアルバイトを経験、実家から自立して、「もう一人でやっていける」と終結に至っています。

このように書くと、「本当にＱさんはＡＳＤなのか？」と言われることがあるのですが、

Ｑさんには、小学校の間は給食時間に朗読された物語の一場面からその場のにおいがリアルに喚起され、給食が食べられないなど、ＡＳＤ特有の知覚過敏がありました。また誰とも関係をもてず、面接開始当初も家のにおいが迫害的に体験されるほど迫害不安が強い状態でした。さらに特徴的だったのは、対人距離が取れないことです。最初、カウンセラーである筆者との関係性は絶対依存に近く、自分の気持ちとカウンセラーの気持ちが異なることがあるといったような区別はほとんどついていないようでした。しかし、そうした二人で一つのような関係性を通して、本人の言葉では「少しずつ人に慣れる」ことができ、後半では生活スキルの相談にも乗りながら、徐々に自立が可能になったのだと思われました。こうした過程を経て、高校生の頃には知覚過敏もかなり消失し、また「私って変わっていることがわかった」と自分を客観的に見つつ、成長していきました。

③　発達障害を抱える子どもたちの成長

ＡＳＵに来ている子どもたちのなかにも、大好きな趣味の世界の話をずっと語り、それを他者に受けとめてもらって対人関係へと開かれていく人たちがいます。また、通室当初は極度の被害感をもち、集団に入れなかったものの、教員との一対一の関係を通して徐々に安心し、最終的には人前で話すことができるようになった中学生もいました。

発達障害を抱える子どもたちは、重篤な精神病理がなく知的にもある程度こなせる場合には、適切な支援があれば、不登校という状態を抜けていくことが多いと思います。たとえば辻井・望月（二〇一〇）は、「医療機関における不登校児への治療効果を扱う報告では、発達障害を抱える子どもや別室登校や部分登校を含めて、不登校状態から再登校を果たす割合は七〇％ほどである」と述べています。この数字が発達障害を抱える不登校の子どもの現状全体を反映しているとはいえませんが、認知特性そのものが変わらぬとしても、環境調整や、共有される遊びや課題など明確なものを通してかかわることによって対人関係へと開かれてくると、不登校という状態を抜けていく可能性が高いといえるでしょう。

④ 子どもたちの支援に求められるもの

専門的には、ＡＳＤ一般への支援として、その病因をどう考えるかによって、力動的精神療法から言語訓練、そして現在は、社会性を育むような療育や関係発達指導法（たとえばGutstein, 2000）やソーシャルスキルトレーニングおよび応用行動分析などの認知行動療法へと変遷してきました。現在はさまざまな支援が百花繚乱状態ですが、以前よりも、支援者との交流のなかで子どもの反応を受けとめ高次化していくような、関係性発達を重視した支援が着目されるようになっています。

現在行われている専門的支援は大きく分けると、ソーシャルスキルトレーニングなど「教える」かかわりと、興味関心を共有し、相談を受けながら安心安全な他者となり、本人の主体的な自我が育つようなかかわりとがあげられます。ＡＳＵでは、保護者とは親面接を行いながら、本人とは後者の支援を重視してきました。すなわち、まずはゆっくりとその子の話を受けとめ、たとえば好きな鉄道の話をしてくれるのであれば、それを大事に聞いていくようなかかわりです。そこで重視されているのは、まず「安心できる他者」としてその子どもの体験世界に、教師なりカウンセラーなりが立ち現れることです。一方的で同じ話であっても、関心を持ち続け、かかわりを保ち続けることで、子どもたちは、受け入れられているという安心を感じることができるようです。そのうえで、生じるトラブルや具体的な状況についての対応を一緒に考え、多様な生き方のなかから自分はこう生きるというものを選択していけるように、かかわってきました。

ＡＳＤの子どもたちのみならず、乳幼児が不安に圧倒されなくなるのは、「自分の気持ちを察してくれて、どんな状態でも必ず助けてくれる人間がいることを繰り返し体験する」（黒川 二〇一二）ことによります。ＡＳＤの子どもは、抱えている認知特性などの要因によって、養育者の感情や行動の意味を理解できず、結局、養育者への信頼を深められぬまま、混乱した世界に一人で取り残されていることがあります。その不安が治まるだけでも、認知特性からくるパニックとみえる行動が収まっていくこともあります。そうして基本的に本人を尊重し、安心できる土壌のなかで、物事の意味ついて多角的に考えられるように話し合っていくことが基本であると考えます。

（4）保護者とともに子どもの成長を支援する

発達障害の子どもを支援するには保護者と家庭でのかかわり方について一緒に考え、全体をマネージメントすることが不可欠です。その際、保護者と子どもの姿を共有し、理解を深めていくうえで、大きなテーマとして浮かび上がってくるのが、「障害」という言葉を保護者がどう受けとめているか、という点です。この診断が出たことで保護者自身がパニックになり、子ども自身を受け入れられなくなったり、保護者自身がうつになったりと、事態はさまざまです。その場合には、まず「診断」の意味を伝えねばなりません。つまり、発達障害の診断は状態像をベースにした診断であること、成長の過程で症状や行動が変化する可能性があること、支援方法があることなどです。まずは、かかわり方について具体的に話し合い、絶望のなかに希望を見出していくことから始める必要があります。

保護者は、子どもの行動の意味がわからず、子どもの行動がすべて障害由来だと即断しておられることもよくあります。たとえば多動を障害だから仕方がないとあきらめていることがありますが、子どもは感覚過敏を麻痺させるために走り回っているのかもしれず、時には叱責に反応して多動になっていることもあります。このように、子どもの行動の意味を考え、刺激を減らし、かかわり方を変えていただくことで子どもが落ちついてくることをしばしば体験しました。

それゆえ関係性のなかでの成長を基本としつつ、子どもの問題行動が頻発する状況を一緒に振り返り、どういった刺激が子どもの行動を誘発しているのかを考え、ペアレントトレーニングのように強力に介入する場合もあります。しかし、目標は保護者が子どもと安定してかかわることができるようになり、子育てに適切なあきらめと自信をもてるようになることです。

保護者が心理的に安定され、一貫性をもってかかわることができるようになれば、子どもが落ち着くことも他の不登校児と同じです。何より基本的なことですが、保護者自身が落ち着かれるために、どうしようもなくつらく苦しい気持ち、ただ聞いてもらえればそれでよい、という保護者の話をしっかり聞くことが基本であり、その次に、かかわり方の工夫やアドバイスがくるべきだと思います。保護者にも自分の人生があり、そこに子どもが登場するのであって、「発達障害の○○ちゃんのお母さん」ではなく、一人の女性や男性の話として聞かせていただくことが基本です。

なお、すべての子どもたちと深くカウンセリングを行うことが必要であるとは筆者は考えていません。あるケースでは、母子ともにカウンセリングを受け、本人がカウンセラーに信頼感をもったこと、保護者がアドバイスを受けて家庭で生活リズムを整えるよう尽力したこと、小遣いなどについて限界を設定し子どもと向き合われたこと、学校が環境調整をされたことで、数か月で不登校が解消しました。自我境界の曖昧な発達障害の子どもたちにとって、

「ここから先はだめだ」といった限界設定は、時には激しい反発を招きますが、このケースの場合は、それが生活の構造化と同時に思春期的な甘えをあきらめるという課題を乗り越えることに役立ったものと思われます。発達障害という診断が出ていても、思春期的な課題に直面していること、アイデンティティをつかむのに苦闘していることは診断を受けていない子どもたちと同じです。特性のみならず、そうした成長のための一段階としての不登校という視点ももち、コンサルテーションやマネージメントを含めて子どもについて考えていくことが必要であると考えます。

理解してくれる他者がいれば、子どもたちはその他者を心理的基地や鏡として、自らの心の世界を構築していくように思われます。それゆえ、カウンセラーや教師は、まず彼らにとって迫害的ではない環境を整え、そのなかで本人のペースを大事にしながら、交流を維持し続け、具体的な生活スキルやコミュニケーションについて一緒に考え、彼らの自我の成長を見守る必要があると思います。なお過度の睡眠の乱れや身体感覚の遠さ、統合失調症様の症状など深刻な精神症状がみられる場合には、医療機関と連携し薬物治療が必要です。

4 保護者を理解し支援する（元ASU教師 増井いずみ）

本節では、保護者を支援するときに、教師としてどのような姿勢でかかわればいいのかを振り返って考えてみたいと思います。

（1）行き場のない保護者の気持ちを受けとめ、ともに考える

① 保護者との信頼関係を深める

保護者の方々は、子どもが不登校になり、「どうして学校にいけないのか」「学校に戻れるのだろうか」と不安を抱えておられます。時には学校に対する怒りがおさまらず、時には育ててきた自分を責め、自信を失くしてしまわれていることもあります。子どもが不登校になってはじめて大和郡山市内にＡＳＵがあることを知り、自分の子どもをＡＳＵに行かせると決められるときにも様々な思いがあります。子どもが不登校になったことで母親が責められることもあり、ＡＳＵへの入室にあたっても家族間で、両親、祖父母の意見が合わず言い争いが続き、それに疲れてしまわれていることもあります。また、小さい頃から子どもへのかかわりが足りなかったと気づくきっかけになり、自分を責め、親が変わらないといけないと焦っておられる方もいます。それぞれの思いを抱えながらＡＳＵへの入室を決めるのです。だからこそ筆者はＡＳＵで出会えたことを大切に、保護者の方の思いをしっかり受け止め、ゆっくり気持ちに寄り添っていくことを心がけてきました。

ＡＳＵに来る子どもたちは新しいところへ行くのが苦手で、どきどきしながらＡＳＵに

行ってみようと一歩を踏み出します。そうした子どもたちが見せてくれる表情やしぐさに目を凝らし、目には見えない気持ちの動きもしっかり読み取ろうと真摯な態度で向き合うことこそが、大事だと感じました。そのなかで、保護者の方が、「子どものことを大事に見てくれる」と安心されることが多かったように思います。

ASUでは、子どもがASUに通いはじめた後も、保護者の方との面談を大切にします。ASUに足を運んでもらえることを第一に考え、ASUに来ることで保護者の方にも「息抜きができほっとできる時間」「安心できる場所」にしてもらうことを心がけてきました。最初は教師という立場の私から批判されるのではないかと緊張される方も多くおられます。だからこそあるがままの現状を受け入れて、一緒に考えていきたいという姿勢を心がけました。それでも苦しい胸の内を話してもらえるのは簡単なことではありません。アドバイスをしようとするのではなく、言いづらいことを無理に聞き出そうとするのではなく、心を開いてもらえるのを焦らずに待ちます。保護者の方が話しはじめられるときがきて、そうして少しでも気持ちが楽になってもらえると、自然に子どもも元気になってくるのを感じることがしばしばありました。

信頼関係ができはじめると保護者の方から、「話を聞いてほしいから、行かせてもらっていいですか」と連絡をいただくようになり、時には連絡なしで「どうしていいかわからない」と突然来られることもありました。気持ちの揺れが大きい間は、広く門を開けて待ち、保護者の方と心でつながることを大切にするよう努めてきました。泣きながらただただ自分の気持ちを話され、話しているうちに気持ちが落ち着いてきて笑顔になって帰っていかれることもありました。そばにいるだけですが、自分の気持ちを言葉にして話すことで気持ちの揺れが収まっていかれることを何度も体験しました。ＡＳＵが保護者の方にとっても「安心できる場所」になることで、悩みや不安が軽減されるようでした。

② 保護者とつながるなかでの教師としての留意点と心構え

保護者の方とつながり、信頼関係が深まるなかで、留意せねばならない点が見えてきました。それは、「感情の揺れに必要以上に巻き込まれず、しっかり距離をとって対応する」ことです。話を聞かせてもらっているなかで子どものことだけでなく、自分自身の生育歴や夫婦間の問題などさまざまな話に及んでくることもあります。話を聞いて共感することは大事ですが、聞き手が同情し、冷静さを失ってしまっては、保護者の方に余計に混乱を起こさせ、心の揺れが大きくなってしまうのです。この親子を救いたい、何とかしてあげられるのではないかと動いてしまいたい気持ちになったこともありますが、自分自身ができる範囲を冷静に自覚しなければならないと改めて思い至りました。たとえば子どもの食生活が心配なときに、少しでもバランスのとれた食事を作って食べさせてあげたいと何度も思いましたが、継続した支援は不可能なことです。食生活の問題は、家庭に踏み込み、保護者の方のプライドを傷つけることにもなりかねません。そのため、少しでも改善することが心身ともに健康になる第一歩にもつながると思い、繰り返し食生活の大切さを伝え、ご飯を炊くことやお茶を沸かすことから話をすることもありました。教師の立場で、子どもたちが育っていく環境のなかで今何が起こっているのかをしっかり把握して、子どもたちが笑顔で過ごせる環境作りに何が大切なのかを一緒に考えていくことに徹し、傲慢にならず、また、独りよがりにならず、自分にできることをしっかり判断し、全力をあげて寄り添っていくことが大事だと考えています。

保護者自身を受けとめることと、子どもの気持ちや状況について一緒にわかっていくこと、この二つができるよう努めてきました。時にはうまくいかないこともありましたが、その時にも焦らずじっくりと寄り添うことが大事だとも学びました。

(2) 実際にかかわるなかで見えてきたもの

① たくさんの不安をゆっくり解消していった男子中学生の保護者との出会い

R君の場合、幼い頃からたくさんの人がいるところが苦手で、なかなか自分から話しかけることができず親が代弁されることが多かったようです。小学五年生からの正式入室です。両親は、「不安を抱えず地元の中学校に戻らせてやりたい」という思いもあり、ＡＳＵの学習内容で大丈夫なのかという不安でいっぱいになっておられました。そんななか、ご両親、担任や指導主事も交えてR君にとって何が一番必要で、安心して通えるにはどのような対応がいいのかという話し合いを繰り返しました。ご両親の思い、R君の気持ちも伝えてもらうことで、スタッフがどのように寄り添うとASUで過ごしやすいのかを考えることができました。

R君は中学校もASUに通うことになり、私が担任になりました。小学生の頃から同じ建物で顔を合わせ、毎日あいさつをし、体験活動で一緒に活動したことはありましたが、ゆっくり話したことはありませんでした。中学生になり担任も変わるということで、指導主事も一緒の母子面談のなかで、R君に席を外してもらいお母さんの思いも聞かせていただきました。その時、幼稚園に入る前から、たくさんの子どもがいる公園が苦手で、夜の公園のブランコで遊んだ話もしてくださいました。小学生の間、毎日ご両親がASUまで送り迎えをされていたので、中学生になり一人で電車通学するというR君を心配されていたのを覚えています。R君のなかで中学生になって自立しなければいけないと思う気持ちと大きな不安を抱えながら一人で通いはじめたのですが、通いはじめた頃に知らない子に声をかけられたこともあり、また体力的にもスムーズに一人で通うことは難しいものでした。しかし、R君が新しいことに挑戦しようとした気持ちは本当にうれしいことで、大切にしたいと思いました。

その後お父さんとも面談したときのこと、「ここに来させてもらっていることで、息子が中学校生活を味わえていることを感謝しています。進路については進学校などまったく考えていません。高校に行くことができ、社会へ出ていってほしいです」とお父さんは話され、私の方から「基礎を中心に学習し、それ以上に同世代の友達同士の横のつながりを大切にしていけたらと思っています」と伝えると、お父さんも「僕もそう思っています」と言ってくださいました。お父さんの思いである「社会に出ていってほしい」ということは、ASUがめざしていることでもありました。ゆっくり寄り添い、思いを受けとめることで、入室当初のご両親の勉強の遅れへの焦りや不安な気持ちは、少しずつ軽減されたように感じました。そして私からは、「今後ASUでの様子、家での様子で気になることがあれば、その都度連絡を取り合い、一緒にR君のことを考えさせてもらいたい」と話しました。その後も、電話連絡や、ASUへの送迎の時間を利用し、話す機会をもつことができました。

しかし、毎日R君の細かな表情や行動も見ているつもりでも、中学生活のなかで自分の気持ちをわかってもらえずつらい思いをして、ASUを休むことになってしまった時期もありました。その時お母さんは、家での癒しが足らないのかと心配しておられましたが、家でゆっくり話を聞いてもらうと、つらくなっている原因が、ASUの生活のなかにあることがわかりました。歌を歌う練習中に別の教師から「大きな声で」とアドバイスを受けたことにあったようでした。以前からR君は、人前で大きな声を出して話すことも苦手だったのです。私たちスタッフの配慮不足があったと反省しました。カウンセラーの先生にも相談し対応の仕方で気をつけることなどを教えてもらいながら、スタッフ間でも話し合いを繰り返し、Ｒ君が自分からＡＳＵに戻ろうという気持ちになるにはどのような働きかけがＲ君の気持ちの負担にならないのかを考えました。電話でＲ君の様子を聞き、決して焦らず、Ｒ君がつらくないかを尋ねながら、家庭訪問で何度か会うことができるようになっていきました。こうなってからもＡＳＵに戻ってくるには時間がかかりましたが、自分で戻ることを決め、再び集団のなかに来室できるようになったのです。ご両親に私たちＡＳＵのスタッフの配慮不足を謝り、今後Ｒ君が安心して通えるために考えられる対応を伝え、個別での来室も考えました。ご両親のスタッフの気持ちを理解いただいたうえでのＲ君への働きかけがＲ君の気持ちを動かせたのだと思います。

その後も口数は少ないけれど、ＡＳＵでも、Ｒ君にとって私の存在が近くなったように感じられ、聞いたことにきちんと答えてくれるようになりました。私自身もＲ君が自分を落ち着かせるためにするしぐさに気づくことができ、帰っていくうしろ姿でもＲ君の疲れている様子がわかるようになり、Ｒ君への声かけや家庭との連携でＡＳＵを休まなくなりました。

進路についても本人とご両親と話しながらゆっくり考え、Ｒ君が自分で高校を決め、高校時代は一人で電車通学できました。高校の先生からも頑張っている様子を聞くことができ、今は専門学校に通い、年に一度は近況報告をしてくれています。

今回の執筆に際してありのままを書いてもいいと許可をいただいたことは、本当にうれしいことです。きっとＡＳＵにも、私にも不安や不満をもたれたこともあったと思いますが、焦らずゆっくり時間をかけて寄り添うことで保護者とつながれたと感じました。

② 自分の居場所を見つけた男子中学生の保護者との出会い

Ｓ君は中学三年生のときに、卒業までの本当に短い期間の在籍で、スタディールームに入ることも、個別で勉強することも、ＡＳＵの子どもたちとは一度も一緒に活動することもなかった生徒でした。

入室時には、ご両親ともゆっくり話をする機会をもち、ＡＳＵへの入室を応援してもらうことができました。Ｓ君は原籍校に戻るつもりはなく、ご両親もＳ君の気持ちを大切にされ見守っておられるようでした。

Ｓ君は、教室の雰囲気がいやで、学校に行かなくなって以来、家から出なくなっていたのに、自分からＡＳＵへ出向いてくれるようになりました。ＡＳＵに来たら、個別の部屋で担任を中心にゆっくり話を聞き、Ｓ君は、学校でのこと、家族のこと、自分の興味のあることなど本当にいろいろな話をしてくれました。時には自分から電話をかけてきて、自分が聞いてほしいことをたくさん話してくれることもありました。

入室後もお母さんと密に連絡を取り合うことができ、家庭での様子や、ＡＳＵに来室したときの様子を伝え合うことができました。その中でＳ君には、家庭でも学校においても自分のペースで落ち着いて過ごせる環境が一番大切だということがわかりました。たとえばクラスで授業妨害をするような行為を見たり、大きな声を聞いたりすると心を乱され、つらくなってしまうようでした。ＡＳＵに来るようになり、自分の居場所を見つけることができたことで、家庭でも表情が明るくなり、進路についても考えようとする気持ちになれたようだとお母さんからも聞かせていただきました。Ｓ君の姿が、ご両親のＡＳＵへの信頼につながったようです。

卒業後もお母さんから元気に過ごしている様子を連絡していただき、いつも「やっぱり一番つらかったときにゆっくり話を聞いてもらえたことが次へつながった」と言ってくださいます。Ｓ君も「ＡＳＵの存在が大きい」と言ってくれているようです。人とのつながりは、一緒に過ごした時間の長さだけではないと強く感じる出会いになりました。高校では、学習だけでなく大好きな部活動にも全力で打ち込むことができました。つらいときにいろいろアドバイスするのではなく、話したいことをゆったりした雰囲気のなかでただただ聞くことができたことが、Ｓ君の心のエネルギーの充電へとつながったのだと思います。このように一人ひとりの話にじっくり耳を傾け、時間をかけて聞くことができるのがＡＳＵの取り組みの特徴です。

（3）連携で保護者を支援する

保護者への支援は、教員が行うだけではありません。カウンセラーの先生はもちろん、原籍校の先生や関係諸機関と連携して、保護者を支えることも大切です。

① 子どもの思いがつかめず悩んでいたＴ君の保護者

Ｔ君は中学二年生のときに入室しました。元気に活動していたＴ君に起こった突然の髪の脱毛、それも不登校になる原因の一つとして大きかったのではないかと思います。ＡＳＵへも帽子をかぶっての来室でした。最初は個別で興味のあることから始めました。その頃Ｔ君とは押し花で母の日のプレゼントを作ったり、筆で好きな文字を書いたりして過ごしたのを覚えています。中学二年生の担任が、Ｔ君にどのような思いでかかわっているのかが、周りのスタッフにもきちんと伝わり、そのうえで動くことができていました。また、入室以来、保護者、原籍校の担任Ｕ先生、ＡＳＵの担任が密に連携できていました。

中学三年生になって担任になりました。二年生が終わる頃には少しずつＡＳＵに通うリズムができてきたのですが、春休みになりリズムを崩し、まだまだ毎日来室して集団で過ごすことは難しい状況でした。昼夜逆転になりがちなＴ君にとって、今何を大切にするのか、Ｔ君はどうしたいと思っているのか、なかなか自分の気持ちを話さないＴ君にどこまで寄り添えるのかと、私自身いろいろな思いを抱えながら、お母さんにお会いしました。お母さんもT君にどのように接するのがいいのか、T君のつらい思いも十分にわかるところもある反面、甘やかしてはいけないという思いもあり悩んでおられる様子でした。自宅の近くにおじいさんとおばあさんがおられることもあって、それぞれの役割ができているようで、お母さんには時に反抗的な態度をとることがあっても、おばあさんには穏やかに自分の気持ちを話すようでした。母子関係も決して悪くなく会話はあるものの、不登校になった原因などはなかなか話さないようでした。お母さんは、「二年の三学期の終わり、継続してＡＳＵへ通うリズムができはじめていただけに、春休みで崩れたことが残念だ」と話されていました。「これからどれだけT君に寄り添っていけるかわからないけれど、お母さんやおばあさんにもT君のことを教えてもらい、焦らずにつながっていきたい」と伝えました。お母さんには、「いつでも話しに来てください」と伝えて、話すなかで少しでもT君の思いもわかろうとしました。

二年生の入室当初からもそうでしたが、三年も「遅刻などは気にせずに、T君のペースでの来室」でスタートしました。お母さんのお仕事の都合もあり、送迎では、おじいさんやおばあさんの協力も大きいものでした。朝のT君の様子を見て、「今日は遅れてでも行けそうです」「今日は一日行けそうにありません」などお母さんの忙しいなかでの密な連絡が本当に大切なものでした。朝「行かない」と言っていても、おばあさんの声かけなどで急に気持ちが変わることもあり、おばあさんから連絡が入り、送ってきてくださることもあるのです。家族の連携もしっかりとれていました。三年生になってからは、来室したときは集団のなかで授業を受け、救命救急講習という外部から来てもらった方から受ける講習にも積極的に参加する姿もあり、文化祭のときには展示を見に来てくださった家族に、自分の作品を照れくさそうに優しい表情で紹介していた姿が思い出されます。

② 原籍校の先生やカウンセラーとの連携

普段からU先生とは、お互い密に連絡を取り合うことができていました。そのなかで「T君は、原籍校のクラスには姿は見せていないけれども、ASUでがんばっているということをクラスの友達に伝えたいので、伝えてもいいか」とT君に聞いてほしいと連絡をくださいました。そのことをT君に伝えると「伝えてもらってもいい」という返事をくれました。U先生はお母さんにも同じ連絡を入れてくださり、お母さんも「伝えてもらっていい」と返事をされたようでした。ASUへの入室以来ずっとお母さんとも連絡を切らさず、T君には手紙を届け、原籍校のクラスの一員として接していただきました。

突然来室できない波が何度もあり、何が原因なのかT君の気持ちを理解することが難しく、まったく家から出られないようになってしまって好きなパソコンもしなくなることもありました。そのたびに、お母さんから「行かせてもらっていいですか」と連絡が入り、何度も足を運んでくださいました。仕事の忙しさに逃げることなく、なげやりにならず、いつも精一杯T君に向かい合っておられました。どうしたらいいのかわからず泣いておられることもあり、私は、ただただお母さんの話を聞いていることが多かったように思います。これから先どうなっていくのだろうと不安でいっぱいなお母さんにカウンセリングを紹介したこともありました。しかし、お母さんに時間がないこともあり、話すなかで気になったことを、私がカウンセラーの先生に相談させてもらうことでカウンセラーの先生ともつながっていただきました。お母さんにはいつも「焦らないでいきましょう」と言っていたように思います。T君を支えておられる家族の愛情を十分に感じることができたからです。家から出なくなる時期があっても、いつもエネルギーをためて戻ってきてくれました。休みが続いても、お母さんを介して、T君の気持ちを聞くことができました。そんななかで進路決定の時期を迎え、お母さんと相談を重ね、親子で高校見学にも行かれ、受験の日も遅刻もせず乗り切り、合格できたのです。

卒業が近づいた三学期は、継続して来室できるようになり、表情もよく、卒業式の練習など集団で行うことにも参加できました。以前より話をすることも増え、「卒業式に卒業生代表として前に出る役割を何かやってみないか」と声をかけると引き受けてくれたのです。本当にうれしいことでした。卒業までに十分にT君の思いを聞けたとは言えないですが、少し距離が近づけたように感じました。ここまでこられたのもT君を支えておられる家族、ずっと気にかけていただいたU先生、入室が決まった中学二年生のＡＳＵの担任の先生、陰ながらアドバイスをいただいたカウンセラーの先生のおかげと感謝でいっぱいでした。それぞれの連携は当然のことのようですが、保護者、原籍校の担任の関係がうまくいかないことも多く、また、毎日の忙しさに追われ、ＡＳＵに通いはじめると実際目の前にいない子どもへの対応が疎遠になりがちといったケースもよくあり、原籍校の担任とＡＳＵの担任の連携も密にいかないこともあります。Ｔ君は、卒業式にU先生と一緒に写真をとることもでき、卒業後も友達と原籍校へ顔を出すことができたのも連携がうまく続いた成果だと思うのです。

卒業後もお母さんと連絡を取り合い、Ｔ君にはときどき手紙を書きます。Ｔ君から返事はありませんが、いつも読んでくれているそうです。家族以外の一人の大人としてこれからもつながっていこうと思っています。まだまだ不安定なところもありますが、がんばっているＴ君をいつまでも応援していきたいと考えています。

（4）一人ひとりにあったさまざまな支援の大切さ

保護者の方から話を聞いてほしいと出向いて来てくださる方ばかりではありません。なかには、なかなか連絡が取れない保護者もおられます。会う約束はできるのですが、約束の時間が過ぎても来られず、電話連絡も入らないこともたびたびあります。電話をかけてもつながらない状態になってしまっている家もあり、家にいても出てもらえないこともあります。約束を守ることは当然のことですが、それができないことに腹を立ててしまうのではなく、保護者の方の現状に寄り添っていこうとしました。時にはカウンセラーの先生に対応の仕方をアドバイスしていただきました。保護者がつらいときは家庭訪問をしても会ってもらえないことが多いです。家に電気がついている、洗濯物が干してあるというのを見てほっとして帰ってくることもありました。会えなくても必ずＡＳＵの予定や、私自身の思いなどを書いた手紙を入れて帰っていました。そうしていると、ドアを開けてくれるようになったこともあります。こうしたときこそ、焦らず、無理に会おうとしないよう心がけました。そうしたかかわりを続けていると、家庭訪問時に会えなくても、突然顔を見せてくださるお母さんもおられました。ＡＳＵに足を運んでくださることを喜び、時間の許す限りゆっくりお母さんが話されることに耳を傾けました。お母さん自身の満たされない思いが止まらなくなり、泣かれたり、怒られたり、うれしそうな笑顔を見せられたりと吐露されることもあります。話の内容によっては、臨機応変にカウンセラーの先生やＡＳＵ担当の指導主事の先生、時には市役所の子ども福祉課の方にも相談しながら進めないといけないこともありました。

　家庭の状況が多様化していることもあり、多方面から子どもを支えることで、子どもがおかれている生活環境を守っていかなければならない事例もあると感じています。保護者だけに頼らず子ども自身が自立をめざし、正しい判断力を身につけ社会に出て働けるように、生きていくうえでの基本的な生活習慣を身につけさせようとしたこともありました。話を聞き、保護者を受けとめることが基本ですが、時にはそれだけでは足りず、現実的に動かなければ保護者も子どもも支えられないと思うこともありました。

たくさんの保護者の方々に出会い、ＡＳＵの教員として何ができるのかを考えてきましたが、保護者の方々にお会いし、話をすることでわかったことがたくさんありました。教師としての大切な姿勢を教えていただいたと思い、感謝しています。

子どもたちが、卒業を迎え、ＡＳＵを巣立った後も、ＡＳＵはいつまでもあたたかい居場所であり、いつでも戻ってこられる場所でなければならないと思っています。

第4章　ASUからみえる不登校支援

1　卒業生や保護者からみたＡＳＵ

（ＡＳＵ教師／ＡＳＵ主任カウンセラー　千原雅代）

ここでは、ＡＳＵの卒業生やその保護者にとってＡＳＵがどのような存在だったのか、以前に伺ったお話から、そこからみえてくるＡＳＵでの学びとその後について考えてみます。

（1）卒業生にとってのＡＳＵ

①　ＡＳＵに来るきっかけ

子どもたちとＡＳＵが出あうきっかけはどのようなことだったのでしょうか。何人かの卒業生の声を聞いてみました。

事例1　ａさん（一七歳・女子／中学二年生で「ＡＳＵ」に入室）

「ＡＳＵ」に来たのは、親からも逃げたかったからです。家にも居場所がありませんでした。その頃は二階の屋根裏部屋に布団や好きな本を持ち込んでこもっていましたが、家にいても虚しくなるだけでした。でも、本当は「ＡＳＵ」にも行きたくありませんでした。不登校の子ばかりが通っている学校なんて、暗くて絶対おもしろいわけがないという先入観があったからです。入室してからもしばらくは教室に入らず、和室でジグソーパズルばかりしていました。三年生になって、さすがにこのままでは高校にも行けないという危機感から、教室に入るようになりました。

事例2　bさん（一九歳・男子／中学二年生で「ＡＳＵ」に入室）

僕は中学校を休むようになってからも、朝決まった時間に家を出て、駅や公園で時間をつぶしお弁当を食べ、夕方に家に帰る生活を続けていました。両親は共働きで忙しくしていたので、長い間、ばれることはありませんでしたが、親をだましているという罪悪感や、いつ補導されるかという不安がいつも心のなかにあり、何度も自分から打ち明けようとしました。でも結局言い出せないまま時間だけが経っていきました。

長く休んでいると、友達からのメールも次第に減っていき、孤独で世間から置いていかれたように感じました。その頃、僕と同じように学校を休んでいた友達が「ＡＳＵ」に通いはじめたのを聞いて、どんなところだろうと思っていました。受験のことも気になりはじめていました。

三年生の二学期になって、担任の先生からの電話で、とうとう学校に行っていないことが親にわかってしまい、父からはひどく叱られました。僕は泣きながらだましていたことを謝り、自分のつらかった思いを話しました。母も泣いていました。そして「ＡＳＵ」に行きたいと言ったとき、父が「おまえの人生はここからスタートすればいい」と言ってくれたことが本当にうれしかったです。今思えば、あの瞬間が僕のターニングポイントだったと思っています。

事例3　cさん（一九歳・女子／中学三年生で「ASU」に入室）

学校に行かなくなってからは、心も体もしんどくて、買い物も犬の散歩もおっくうになりました。家族が気分転換に海に連れて行ってくれたことがありましたが、気分が晴れず旅館でずっと寝ていたほどでした。でも、このままではいけないという思いはありました。高校にも行きたいと思っていました。そんなときに親戚から「ASU」の存在を聞き、行ってみようと思いました。その時の私には、元の中学に戻るという選択はありませんでしたが、違う場所なら通えるのではないか、高校で一からスタートすればやり直せるのではないか、という気持ちでした。

事例4　dさん（一九歳・男子／中学二年生で「ASU」に入室）

部活中心の毎日だったのが、中学二年生になって怪我をして休部することになりました。その頃から友達や顧問の先生ともなんとなく気まずくなり、焦りやストレスからもともともっていた喘息の発作が頻繁に起こるようになり、次第に夜も眠れないほどひどくなりました。朝方までせき込んでようやく眠れるような状態で、学校も休みがちになりました。夏休みには喘息も少し治まっていたので、二学期からは学校に行こうと思っていたのですが、二学期が近づくにつれてまた喘息がひどくなり、結局そのまま不登校になりました。その頃は食欲もなく、三日ほど何も食べないこともありました。顔も真っ白で痩せて本当に病人のようでした。それでも勉強が遅れることへの不安から一人で教科書を広げてはみるのですが、わからなくて、もう高校へは行けない、大学にも行けない、中学を卒業して仕事があるのかなあ、と将来に対しては、ほぼ絶望していました。母は何も言わずにいてくれましたが、夜まで働いてくれているのに申し訳ないという罪悪感がありつらかったです。同居している祖母が一日中一緒にいて、「どうして学校に行かないのか」とうるさく言うのもつらかったです。二年の終わり頃、友人が「ＡＳＵ」に通いはじめた話を聞き、「今さらどうせ」と思っていた気持ちに少し希望が生まれ、母にこれ以上心配をかけたくないとの思いもあって、通うことに決めました。

事例５　ｅさん（一九歳・男子／中学二年生で「ＡＳＵ」に入室）

学校を休みはじめた二年生の夏頃、担任の先生から「ＡＳＵ」のことを聞きましたが、その時はまったく興味はなく、家では昼夜逆転して、ゲームやネットばかりしている生活でした。父は特に何も言いませんでしたが、引け目みたいなものがあって、顔を合わすのもつらい感じでした。

そして二年生が終わる頃になると、このままではやばい、もうあとがないという気持ちになり、「ＡＳＵ」のことを思い出して、行くことにしました。

ＡＳＵに通うことを決めるきっかけとなるのは、「このままではダメだ」という本人の危機感であり、その背景には「高校へ行きたい」という願いと「友達から置いていかれる寂しさや孤独感」や「親の期待に応えられないことへの罪悪感」があると思われます。また一度は諦めかけた進学への夢が叶うかもしれない、元の中学に戻れなくても高校から再スタートを切れるかもしれない、という希望がＡＳＵ通室を決断する原動力となっています。つまり、中学生の子どもたちは、高校へのステップとしての機能をＡＳＵに期待していることがよくわかります。ＡＳＵが原籍校復帰をめざすのではなく、「学科指導教室」として存在していることこそ大きな意味があるといえます。

しかし、ＡＳＵに至るまでには、一人で悩み苦しんだ日々があり、それゆえ、自らＡＳＵに来ることを選んだ子どもたちは、いわば機が熟してやってくるのですが、一方、親のすめなどで無理をしてＡＳＵに来ると、結局つづけて通うことができないこともあります。家庭訪問をしたり、手紙を書いたり、カウンセリングを勧めたりと、いろいろと取りくむものの、そう簡単にはいきません。エネルギーが十分たまっていない状態の子どもとその保護者を的確に理解し、保護者の焦りや不安に寄り添いながら、子ども自身が動けるようになるまでどう待つかということが今後の課題です。

②　ＡＳＵでの学び直し

子どもたちは「ＡＳＵ」という場でどのような経験を積んでいくのか、卒業生の話からみていきたいと思います。

事例１　ｃさん（一九歳・女子／中学三年生で「ＡＳＵ」に入室）

「ＡＳＵ」にまず来てうれしかったのは、自分でも気がつかない私のしんどさに、先生が先に気づいて声をかけてくださったことです。私のことをちゃんと見てくださっているというのがうれしかったのです。

そんな経験は初めてでした。その頃は、母とはけんかばかりで、気持ちがもやもやしていても、先生に話を聞いてもらうと気持ちがとても楽になりました。救われる思いでした。先生方は親のように接してくださって、距離が近く、悩みも相談しやすかったです。勉強も個人に合わせた学習プログラムがあり、わからない箇所があっても納得がいくまで丁寧に教えていただきました。学校を休んでいたとき、勉強がどんどん遅れていくことが大きな不安で、高校へ行けないのではないかと絶望的な気持ちだったので、それが少しずつ解消されてストレスがなくなっていきました。学力診断テストの結果はよくありませんでしたが、先生に焦ることはないと励ましてもらって、放っておかれることはないという安心感がありました。「ＡＳＵ」があったから高校に行けたと思っています。

事例２　ａさん（一七歳・女子／中学二年生で「ＡＳＵ」に入室）

「ＡＳＵ」で出会った友達は、何より気を使わなくていい人たちでした。それまでの私は、友達の顔色ばかり見て合わせることに必死でした。にもかかわらず、友達と呼べる子はいなかったかもしれません。グループからはじき出されないようにふるまっていただけです。「ＡＳＵ」にはいろいろなタイプの子がいました。年齢の違う子とも仲良くなれました。それまでは特定の子としか話をしなかった私が、誰にでも自分から話しかけていました。こんな私でもいいのだと思えました。

事例３　ｆさん（一九歳・女子／中学三年生で「ＡＳＵ」に入室）

「ＡＳＵ」の友達には救われました。中学では一人になるのがいやで、とりあえずグループに所属していないといけないというのがつらくて、自分がどう思われているかばかり気にしていました。また、「この子はこんな子だ」と自分で決めつけて壁を作るところがありました。
でも「ＡＳＵ」ではみんなそれぞれにつらい思いをしてきたので、お互いにわかり合えるものがありました。楽しいってこういうことなんだって思いました。みんなにわかってもらえなくても、一人でも自分のことをわかってくれる人がいるというのは自信になります。心に余裕ができると、自分とは違う考えの人のことも、こういう人もいるんだな、と受け入れることができるようになりました。

事例４　ｅさん（一九歳・男子／中学二年生で「ＡＳＵ」に入室）

僕は、「ＡＳＵ」に行くのは、遅れている勉強を取り戻すため、高校に行くためと割り切っていて、そこで友達を作りたいなどという気持ちはあまりありませんでした。でも結果的には、「ＡＳＵ」で出会った友達は一生の友達になりました。

「友達がほしい」「勉強がしたい」という願いをもって「ＡＳＵ」に入室しても、自信がなく不安だらけの自分であることに変わりなく、そこが子どもたちの出発点になります。深く傷ついている子どもたちは人を敏感に見抜き、スタッフへの不信感から関係が始まることもあります。
深い人間不信を抱く子どもたちが「信頼できる人もいる」と思ってくれるために、私たちが大切にしているのは、子どもの否定的な思いを受けとめることです。今まで「周りからどう思われるかが気になる」「嫌われるのが怖くて本音は話せない」と言う子や、怒りや悲しみなどの気持ちをもつこと自体を否定し、そんな感情をもつ自分は悪い子だ、と自分の気持ちにふたをしている子どもも多いのです。そういう負の感情をスタッフに話して受け入れられることで、今まで抑圧してきた気持ちに気づき、自分の感情はありのままでよいのだと思えるようになります。

「スタッフや友達ともっと話したい」と思うようになる一方で、近づくことを躊躇している姿は、まさにハリネズミのジレンマです。スタッフとの信頼関係ができ、もし失敗してもきっと助けてもらえる、という安心感がもてたとき、恐る恐る友達への距離を縮めていきます。ちょうど綱渡りをするとき、下にセイフティネットがあれば安心して一歩ずつゆっくり進んでいけるのと似ています。ときにはスタッフが間に入り、お互いの距離の取り方や違う価値観をもった友達との付き合い方、自分の気持ちの伝え方などを少しずつ時間をかけて見つけていきます。集団で過ごす意味はここにあります。

そうやって得られた絆や成功体験、どこかに帰属しているという安心感がＡＳＵから外の世界へ羽ばたいていく糧になったことを卒業生から感じています。ＡＳＵは、人間関係を再構築し、高校だけではなく広く社会へ出ていく準備段階としての機能を果たしているといえます。

③ 不登校体験の意味づけ

では、ＡＳＵを経験した子どもたちは、自らの不登校の体験をどのように意味づけているのでしょうか。

事例１　ａさん（一七歳・女子／中学二年生で「ＡＳＵ」に入室）

卒業する少し前、中学校の教室に行ったことがあります。後ろの壁に体育大会の学級旗が飾ってあるのを見て、突然涙があふれました。もう少しがんばれば不登校にならず、学校に行けたのではないかという思いで泣きました。でも、そんな気持ちになったのはその時だけです。たしかに学校に通い続けるという道もありましたが、今となっては、それがどんな道だったのかは知る由もないことです。学校に行かなかったことで失ったものもあったかもしれないけれど、両方を経験することはできない以上、私の歩いてきた道が私の人生でした。もし、不登校をしていなかったら、「ＡＳＵ」がなかったら、自分を見つめることもなく、仮面をかぶって、成長もしないままつまらない大人になっていたと思います。不登校にならなかったら考えなかったことを考え、学校に行っていた自分とは違う「強さ」を手に入れたと思っています。「ＡＳＵ」の玄関に「道草」という詩が飾ってありますが、私にとっての「ＡＳＵ」は、道草ではありません。それが私には必要な「私の道」でした。後悔はしていません。

事例２　ｆさん（一九歳・女子／中学三年生で「ＡＳＵ」に入室）

中学で不登校になったことは、今の自分からみると、視野が狭く、心に余裕がなかったことに原因があったと思います。その頃の私は、自分がどう思われているかばかり気にしていて、一人でいるのがいやで、とりあえずどこかのグループに所属することで安心感を得ようとしていましたが、同時に自分の気持ちを抑えて友達に合わせることはとてもしんどかったです。そして、人のことをよく知らずに判断し、自分から壁を作っていたように思います。いじめは、みんなの心の余裕のなさに原因があると思います。中学の頃は自分のやりたいことなど見つけられるのかなと思っていました。でも今は自分次第だと思います。「支えてくれる人は絶対いるよ」と伝えたいです。「ＡＳＵ」は私にとっては「心のよりどころ」のような場所です。私を大人に育ててくれた場所です。「ＡＳＵ」がなかったら、今でもひきこもっていたと思います。通った期間は短くても密な時間でした。私は今まで死に物狂いで何かを成し遂げた経験がないことに気づき、今は国家試験合格をめざして猛勉強しています。

事例３　ｂさん（一九歳・男子／中学三年生で「ＡＳＵ」に入室）

僕が不登校になった直接のきっかけは、いじめられていた友達をかばったことで、今度は僕がいじめられるようになったことです。その時、それまで仲が良かった友達が離れていき、裏切られた、見捨てられた、という気持ちになり、どんどん孤立していきました。でも、「ＡＳＵ」で少しずつ自信を取り戻していくなかで、自分は間違っていなかったと思えるようになり、子どもの頃から人を喜ばせることや感謝されることが好きだったことを思い出し、誰かの役に立てる人間になりたいと思うようになりました。高校の入学式で生徒会の先輩を見たとき、かっこよくて憧れ、まったく自信はなかったけれど、先生に相談して、生徒会に入りました。多くの人の前で話すことも最初は緊張しましたが、それも慣れて、結局、生徒会長になりました。声の大きさも変わったし、何より話す内容がマイナス思考からプラス思考に変わったと言われます。悩んだ日々があって今の僕がいます。無駄なことなど何もなかったと思います。

事例4　ｇさん（一七歳・女子／中学二年生で「ＡＳＵ」に入室）

先日、海外留学の説明会に参加してきました。他の人たちは友達と誘い合って説明会に来ていました。一人で参加していたのは私だけでした。一緒に行くはずだった友達が留学に行けなくなると、自分もあきらめてしまった子もいました。留学先ではどうせ一人でホームステイするのだから、一人で参加することに何も感じませんでした。今、私は誰かと一緒でなくてもよいと思えます。でも前はそうではありませんでした。友達の顔色ばかり見ていました。人見知りで自分からは声をかけられないタイプで、決まった友人としか話をしませんでしたが、「ＡＳＵ」でコミュニケーション力がついて、男女問わず誰とでも話せるようになったと同時に、一人で過ごせる力がついたと思います。「ＡＳＵ」で過ごした日は、コタツのなかでぬくぬくしているイメージです。世間は冷たい冬なのに、そこは過保護で優しくて温かい。そして今の私は、寒いなかでもちゃんとつぼみがついているという自己イメージです。世界中が敵に見えていた時期もありましたが、家族をはじめ、「ＡＳＵ」の先生や友達、たくさんの人と出会い、見守られ、支えられてきたことが今となってわかります。無事、試験に合格したので、来年オーストラリアに留学します。

事例5　ｄさん（一九歳・男子／中学二年生で「ＡＳＵ」に入室）

高校に入ってから、中学で不登校だったことは隠していました。出身の中学校を聞かれたときは、「Ａ

SU」ではなく校区の中学校の名前を言いました。もし新しくできた友達に不登校だったことが知られたら、僕に対するイメージが変わってしまうのではないか、しゃべってもらえないのではないか、というのが怖かったのです。今から思うと自分に自信がなかったからだと思います。高校一年生のとき、ボクシングを習いたいと思い、母に言うと、説明会にも一緒に来てくれて応援してくれました。三年間ジムに通いました。それが自信になり、駅などでヤンキー風の高校生を見ても怖くなくなりました。そして高校二年のとき、不登校だったことを友達に話しました。その時は、もしこれで離れていくような友達ならそこまでのことなのだ、という気持ちでした。「そうなん？」「そうは見えへん」などと言われました。ボクシングは一人の勝負なんです。友達は大事ですが、いつも一緒に群れていたいというよりは、一人になる時間も大切だと思うようになりました。

不登校の子どもは立ち止っているかのような印象をもってしまいがちですが、実は「自分はこのままでいいのか」という心の奥底からのメッセージに耳を傾け、自分自身を深く見つめ、納得できる生き方を探し続けています。そして不登校にならなければ出会わなかった体験や出会いのなかで自信が生まれてくると、「どうしてあの時、学校に行けなくなったのだろうか」という疑問に向き合いはじめます。心のどこかに挫折感や後悔があるのは確かですが、しかし、今の自分の価値を認められるようになった子どもは、学校を休んだことの意味が見えてくるようです。むしろ、不登校をしたから今の自分がある、と語っています。

共通しているのは、人の目や世間のものさしや親の価値観にも左右されず、自分の生きる物語を創造し、自分のペースで歩みはじめるという点です。このように過去の体験を肯定的にとらえられると、高校や専門学校でできた友達に、自分が不登校であったことを堂々と話せるようになっていき、同時にそれまで支えてくれた周りの人間への感謝にもつながっていきます。そして現在の課題にも向き合い、もっと高みをめざそうとする姿勢で、国家試験や留学など新しいことに挑戦する子どももいます。また、余裕が出てくると、今度は誰かの力になりたいと考えるようになります。今回、自分のつらい過去の体験を話してくれたのも、そんな気持ちからであることにほかなりません。

不登校は否定的なイメージで受けとめられることが多く、親も教師もできれば早く学校復帰させたいと思いがちです。しかし、彼らの語りからは、不登校は決して悪いことではなく、将来自立できるかどうか、人への信頼感をもてるかどうかの大切な経験であるといえます。

このように不登校という経験を自分のなかで意味づけ、自分の存在価値や生き方を獲得していった子どもがいる一方で、「ASU」卒業後の進路を見つけられなかった子や、高校に進学したものの再び不登校になってしまった子、進路を変更した子もいます。こうした子どもたちを前にすると、無力感を感じますが、しかし、「教師はこの一年の間になんとかしなければという思いが強すぎる。その子がどこで芽を出すかはその子次第。卒業してからも何かあれば相談しにおいでという関係を作っておけばよい。もし他に相談できる人ができたのなら、それでよしです」（春日井敏之、ＡＳＵ一〇周年記念シンポジウム）という言葉を大切にしたいと考えています。教育はカルチャー（耕すこと）だといいますが、その子が将来どんな花を咲かせ実を結ぶかを見ることはできないかもしれません。それでもそれを信じられるかどうかが私たちに問われているのではないかと思います。

発達障害や摂食障害など医学的な診断や治療が必要なケースも増えています。反社会的な行動をとる場合には、警察の介入が必要なケースもあります。ＡＳＵを卒業した後の進路変更や就労支援などの相談をする場所も必要です。

ＡＳＵや学校現場といった教育機関だけではなく、行政機関や医療機関などがそれぞれの立場や果たすべき役割を生かしながら、子どもだけでなく、保護者支援、教師支援、学校支援、地域支援、就労支援など包括的な支援を視野に入れた幅広いネットワークをどう作っていくかは今後の課題です。と同時に、目の前にいる本人や家族の問題だととらえるだけではなく、現代の教育制度や日本社会全体の在り方や価値観を問い直すといった社会学的な大きな視点も忘れてはならないと思います。

(2) 保護者にとってのＡＳＵ

ＡＳＵで出会った保護者の方の話をお聞きすると、よく似た段階を経て親子共に変わっていかれるようです。親の養育態度が不登校の原因ではありませんが、親の対応が変わると子どもが動き出すというケースもたくさん見てきました。そして以前より絆の深い親子・家族になっていかれるのです。

① 混乱・焦り・方向喪失

ここではまず、子どもの不登校に直面したときの保護者の様子を伺った話からみていきます。

事例1　女子生徒の母

子どもが学校に行けなくなったとき、その理由と原因を探しました。しかし、いくら考えても、一〇〇点の子育てではなかったけれど、これといって思い当たることも見つけられません。デリケートすぎる子に育ててしまった自分を責めました。次には、仕事で夜遅くにしか帰宅しない夫を責めました。「そんな時期もあるさ」などと大らかなことを言う夫が無関心で無責任な父親に感じられ、夫婦げんかが絶えませんでした。その頃はただ「普通の子と同じことができること」を目標にしていたように思います。こんな状態がいつまで続くのだろう、このまま二〇歳、四〇歳になったらどうしようと、不安で仕方ありませんでした。よく「信じて待て」と言われますが、なんの展望ももてない状態でそれはできない相談でした。気を紛らわそうとしても何も手につきませんでした。「こうしたらいい」ということがわかれば、どんなつらいことだって頑張ったでしょう。でもそれがわからなかったのです。いや、もしかしたら「がんばることがよくないのかもしれない」と思うと、自分の生き方さえ見失ってしまいました。

事例2　女子生徒の母

　学校に登校している他の子どもたちの姿を見るのがつらく、泣きたい思いも職場で見せるわけにはいかず、明るくふるまうものの、頭の半分以上はいつも娘のことを考えています。そうしているうちに自分の精神状態もおかしくなっていき、体の変調も現れはじめました。昼休みに点滴をしながら勤務し、つらくて仕事を辞めようと思いました。でも、娘にはつらくても学校へ行けと言っているのに、自分が辞めることにまた自己矛盾を感じました。また、娘が自分のせいで仕事を辞めたと思うのはかわいそうだとも思いましたし、一日中、家で娘と顔を突き合わせることは、お互いにとってマイナスになるとしか思えませんでした。娘とは毎日毎日けんか、反発、そうして私と娘との心の溝はどんどん深くなるばかり。このままではだめだと、全寮制の学校を探したり、他のところに移住することや、夫が転職して家族で奈良を離れることを考え、必要な経費を計算しましたが、現実的にすぐ実現する決心もつきませんでした。

事例3　男子生徒の母

　中学一年生のとき、学校へ行かなくなりました。学校に行くのは当たり前のこと、どうして行けないのか、と、無理やり連れて行こうとしたとき、頭を抱えて「わかってくれない」という子どもを見て、これは……と思いました。小さい頃から人見知りでしたが、「幼稚園の頃から集団が苦手で今までずっとつらかった」と本人から初めて聞いたこともとてもショックでした。子どもの気持ちもわからず、いろいろ無理をさせてきたことを後悔しました。誰も信用できない、誰にも会いたくないという子どもに、どうしたらよいのかもわからず、二人で学校のカウンセリングに行きましたが、授業中で生徒が廊下や校庭にいない時間帯にこっそり行ってこっそり帰るような状態。友達に会わないように窓から出ることもありました。それでも私はまだ学校に戻ってほしい気持ちがありました。

子どもが学校に行けなくなったとき、親も混乱し、無理矢理学校へ引きずって行こうとしたり、子どもを責めたりすることがあります。学校や友達や先生に対して、さらには夫婦関係や嫁姑問題などに原因を探したりもします。その一方で、自身の子育てについて自分を責め、自分の生き方まで模索し、体調を崩す親もいらっしゃいます。不登校の悩みは、誰にでも話せることではないうえに、子育てに問題があるのでは、とする世間の誤解や偏見により、子どもだけではなく親も追い詰められ、孤立しがちです。

しかし、きっかけさえあれば登校できるのではないか、という期待を抱き続け、学校に行く行かないで一喜一憂し、転校や引っ越しを考えるなど、すぐに子どもの気持ちに向き合うことは難しいようです。思いつく限りのことをしても、なかなか解決につながらず、無力感でいっぱいになられることもあります。勉強がどんどん遅れてしまい、高校に進学できないのではないか、将来社会的に自立できないのではないか、あるいは何か大きな病気なのではないか、といった不安を抱えきれず、それを子どもにぶつけてしまうと、子どもは反抗、ひきこもり、拒食などさまざまな方法で対抗し、家のなかが緊張状態になってしまうのです。

この時期、保護者がＡＳＵを知って無理に子どもを連れてこようとするケースもありますが、学校へ行けと言うかＡＳＵへ行けと言うかの違いだけであって、子どもの方の機が熟していないと、まず家から出られなかったり、ＡＳＵにきても他の子どもの存在がこわくて安心できる居場所にならず、また休んでしまうこともあります。

「学校に行く、行かない」ということよりも、子どもが元気になることが先決であり、なぜ不登校になったかより、今後どんな支援が必要かという視点が大切なのだと思います。

②　親の居場所としてのＡＳＵ

子どもがＡＳＵに通うようになるなかで、保護者はどのようなことを感じ、考えるようになっていくのでしょうか。

事例１　女子生徒の母

「ＡＳＵ」に通いはじめた頃は、休んだり遅刻したりしながらも、娘なりに自分の居場所を模索していたのだと思います。やがて娘は自分の行ける場所と理解してくれる先生を得て、少しずつ落ち着いていきました。それまで布団を持ち込んでこもっていた屋根裏部屋も自分で片づけてしまいました。もう自分の殻に閉じこもる必要性がなくなったのだと思います。そんな娘の姿を見て、私自身の気持ちも落ち着いて

写真14　保護者茶話会

いきました。「ちゃんとASUに通っている」「もう不登校生の親ではない」という安心感があり、以前のような将来に対するむやみな不安がなくなりました。

事例2　男子生徒の母

いじめから子どもが不登校になり、「ASU」を紹介されたとき、いじめた子どもたちが普通の学校に通っているのに、なぜうちの子は別の場所に通わなければならないのかという悔しい思いと、もしここでまたダメになったらもう後がないという不安でいっぱいでした。「ASU」に登校した初日、心配で門の外にとめた車の中で、一人で泣きながら待ちました。授業が終わり、「ASU」の担任の先生と一緒に坂を下りてきた子どもの、しばらく見たことがないような笑顔を見たとき、ホッとして足の力が抜けたことを今も覚えています。

仲が良かった友達に裏切られ、誰も信用できないと、まるで人が変わってしまったかのようでしたが、「ASU」で出会った先生や友達とのかかわりのなかで、少しずつ人への信頼を回復していきました。その様子を見て、私も「ASUに通っていることを隠す必要はない。堂々としていなさい」と話すようになっていました。子ども以上にほっとしたのは私自身でした。「誰かに守ってもらっている」「もう一人で抱えなくてもいいのだ」という安心を感じました。子どもが「ASU」に行っている間だけは解放された気分にもなりました。

事例３　男子生徒の母

「ＡＳＵ」に行きはじめてからも、スタディルームには入れず、個室でプリントをして、半日で帰ってくる日が続きました。お弁当を食べるようになるまでにずいぶん時間がかかりました。そこから教室に入るまでにも時間がかかり、他の生徒さんと一緒に実技教科やあゆみタイムなどに参加できるようになるにはまた時間がかかりました。でも、ゆっくりゆっくりではありましたが、子どもは確実に変化していきました。

子どもがＡＳＵに通いはじめ、家族だけではなくＡＳＵのスタッフと一緒に子どもを支えていくことになったことで、親の心に余裕が生まれ、それが子どもの気持ちを受け入れる心のゆとりへとつながります。また、ＡＳＵの行事等で家では見せない子どもの姿を見たり、他の子どもの様子や親の話から視野が広がったり、卒業した生徒の姿から将来への展望をもたれたりもします。時にはスタッフや保護者茶話会（写真14）でつらい思いを話し、自分自身が受け入れられる経験をしながら、自分を許し認めていかれることもあります。現在、インターネットなどでたくさんの情報が手に入れられる反面、どの情報が正しいのか、何を信じればいいのかを判断することが難しくなっています。親が信頼して相談できる人や場所があることはとても重要です。親が元気になることと子どもの成長とは深く結びついています。

ところが、なんとかＡＳＵに登校しはじめたものの、まだまだ不安も強く、一人で電車やバスに乗れず送り迎えが必要だったり、教室に入れなかったり、限られた授業にしか出られなかったり、行事には参加できなかったりと、子どもの成長は遅々としてもどかしく感じられることもあります。「這えば立て、立てば歩めの親心」と言われる通り、つい欲が出て、「ASUに通えるくらい元気になったのならこれくらいはできるだろう」と、また子どもをせかしたり、親の思い通りのレールの上に乗せようとしたりすると、子どもの状態が一気に後戻りすることがあります。子どものことを一生懸命に思う親心は、時に無意識のうちに支配的となり、子どもの主体性をつぶしてしまうのです。保護者が「次の段階に進むこと」にこだわりすぎて子どもの小さな成長に気づかなかったり、気づいてもそれに価値を見出せなかったりする場合は、今の子どもがどんな思いでいるのか、何が起こっているのか、それがどんな意味をもつのかなどを考えて話し、今後の希望と本人への信頼をもっていただけるようにお手伝いすることがスタッフの大切な役割だと考えています。

逆に、もうこれで安心、あとはお任せします、とばかりにそれまでせっかく築いてこられた親子の絆を手放してしまわれるケースもあり、スタッフが親子の間を仲介するよう努めることもあります。

また、スタッフと保護者の気持ちがすれ違ってしまうことや、保護者の焦りや不安が怒りとなってスタッフに向けられることもあります。そんなとき、いつも思うのは、保護者もまた渦中にいて、苦しい気持ちを抱えながらそれぞれの事情のなかで精いっぱい日常を生きていらっしゃるということです。こんな風にしてもらえたらなあと思うことがあっても、寄り添う姿勢でなければ、保護者の役にたつことはできません。保護者に否定的な思いしかもてないときには、事例検討等を通して、中立の立場に戻ることが大事だと思います。

③　親自身の生き方の変化

悩みながら、葛藤しながら日々子どもと向き合ってこられた保護者の方は、子どもの不登校の体験を振り返り、どのようなことを思われるのでしょうか。

事例１　女子生徒の母

最近になって気づいたことは、娘は集団のなかで生きづらさを感じていたのではないか、ということです。魚によって適当な水中の酸素濃度が違うように、娘にとっては、隣の席との距離が近く、自由がきかない教室の物理的な窮屈さがしんどいのです。考えてみれば、私も同じような感覚をもっていることに気づきました。娘が教室に入れないのは、いじめのような決定的な何かがあったわけではなく、たとえて言うならば「低温火傷」。周りも本人も気がつかないうちに少しずつ少しずつ皮膚の深い所まで傷を負ってしまい、治るのにも時間がかかります。

以前は、型にはまらず、集団行動が苦手で、自分の価値観を変えない娘がいけないと思っていました。そんなことでこれからの人生、うまく生きていけるのだろうかと心配もしていました。でも今はそんな娘の敏感な感性が生かされる場所がきっとあるはずだと思うようになりました。自分を責め、夫を責め、娘

ように応援することが大切だと思います。

と同時に、子どもの不登校に向き合うと、どうしても親自身の問題に突き当たってしまう、という場面がよくみられます。たとえば、夫婦で意見が対立し、離婚まで考えられるような場合です。本当はこれまでにも意見が合わないことなどがあっても、あえてそこから目をそむけてきたことが、子どもの不登校という深刻な問題が起きたために、向き合わずにいられなくなるからでしょう。

さらに、子どもの姿を通して、親自身が実は自立できていないということに気づかれることもあります。いつも実家の親に頼っている自分や、自分の気持ちを抑えて夫や姑の言う通りにしておくことが一番楽だと思っていた自分や、世間の目ばかり気になって「良い嫁」「良い母」のイメージに縛られていた自分が、子どもの姿と合わせ鏡のように写し出されてくるのです。それまでは不登校だったわが子をどうするか、を考えていたのが、今度は自分自身が「どう生きるのか」という問いにぶつかることになります。そこで自分の生き方を変えていかれた保護者の方もいらっしゃいました。また、不登校に悩む保護者の方の力になりたいと親の会を立ち上げられた方もいらっしゃいます。

親は子どもにたくさんのことを教えなければと思ってしまいますが、子どもに一番大きな影響を与えるのは、親の言葉、行動そして生き様です。子どもは自分の未来の姿として親を見ています。自分の生き方をもって充実して生きている親の姿が子どもにはどれほどうれしくて良い影響を与えるかはかり知れず、それは子どもの深い部分に栄養となって浸透していくことでしょう。このように親子共に本当の意味で「自立」していかれる姿をたくさん見せていただいています。声を大にして言いたいのは、不登校は一見ネガティブな事象に見えるものの、自立した人間として歩いていくための成長の一過程だということです。

2　ASUという学校の独自性（ASU主任カウンセラー　千原雅代）

(1)　ASUの教育理念

ここまで、ASUの基本的な考え方、取り組みの実際、卒業生や保護者から見たASUについて述べてきました。本節では、それを踏まえ、ASUの教育理念をまとめ、ASUの心理的支援をベースにした教育的な活動のもつ意味、支援上大事だと私たちが学んだ留意点について考察します。

①　ASUのめざす教育理念

さて、ASUでめざされている教育理念は、一般の学校が掲げている教育理念とそう大きく異なりません。ASUの教育目標は、文部科学省が掲げる「心の教育」と軌を一にするものです。文部科学省中央教育審議会は、すでに述べたような現状の問題を踏まえ、子どもの生きる力を育むため、学校を子どもの心を育てる場として見直すことを提言しました（文部科学省、一九九八）。春日井（二〇〇八）は、学校教師としての経験を踏まえ、教育と子育ての目標を「子どもの人格発達と社会的自立の支援」と定義し、生徒指導と教育相談の統合を掲げながら、「心の教育」を次のように考えています。すなわちそれは、「人間としての生き方を考えあう教育」であり、そのポイントとして、子ども理解、具体的な人間関係の深まり、人間への信頼を育むこと、葛藤する心を育み自立を支援することがあげられています。

ここであげられていることは、実は力動的なカウンセリングが目標とすることと同じです。本来カウンセリングとは、行動や症状でしか表せない課題を自分のこととして悩めるようにすること、また自分で自分のことがわかるようになり、だからこう生きていこうと主体的に自己決定し、その人の生きる物語が生まれてくるよう共に生きることです。カウンセラーとクライエントの間には、不信感や怒りといったネガティブな感情も含めて、深い感情のやり取りがあり、理解のずれからくるそうした気持ちを話し合うといった忍耐強い作業が双方に求められます。そしてそれをベースに、クライエントの側に気づきが生まれ、同時にカウンセラーもあらたに発見をして成長していきます。このように、カウンセリングの目標と教育の目標は方向性が一致しています。

とくに不登校の子どもに特化したＡＳＵのような学校では、教師とカウンセラーという専門性の違いはあっても、対人支援という点で、この原点に立ち返っていることが大事だと考えます。

②　具体的な指針

先述の理念を実践するための基本的指針は以下のようなものです。

まず一つめは、「不登校を改善すべき問題として見るのではなく、さまざまな状況下で生じてきた一つの状態像であるととらえる」ことです。「甘えている」「解決すべき問題」と批判的に見るのではなく、子どもにとって、それは思春期危機の一環であり、家庭や学校、社会にとっては、それまでのあり方への問題提起であると考えます。それゆえ、子どもたちの状態そのままを受け入れ、ＡＳＵが居場所になることをめざします。魅力ある学校づくりは不登校支援においてもしばしば指摘されますが、ＡＳＵではそれを、誰かが自分を待っていてくれ、理解しようと努め、しかも真剣に向き合ってくれる場所と考えています。そこにいるのはまず人です。

二つめは、「子どもが主体であり、子どもを大人の価値観という鋳型にはめるのではなく、子どもの個性が立ち上がっていくことを支援する」ことです。

すでに述べたように、不登校の子どもたちの心的現実は、思春期という時期のために、不安に満ちています。急激に自我意識や性衝動が動き出し、自分でも自分がわからなくなり、症状や、いわゆる「問題」行動が生じてきますが、それを「改善」すべき「問題」ととらえるのではなく、彼らがまさに今生きている苦しさととらえ、それを今ここで展開している人間関係のなかで抱え、対話を続けることが大事だと考えています。

そして三つめは、「個性育成の場となるようなカリキュラムを工夫し、教育活動を通して個性の育成と学ぶ力の形成を図る」ことです。

ＡＳＵには、多様な学力の子どもたちが存在しますが、学ぶ力を育てるために個別対応を含めて支援します。こうした弾力的なカリキュラムは、いわゆる受験のための学力形成という点では不足していますが、内発的な動機づけを生むものに中身を変えることによって、まずは子どもが進んで学ぶことを重視しています。また、体験活動など多様なカリキュラムを通して個性の育成を図ることが大事だと考えています。

(2) ＡＳＵの実践上の特徴

こうした教育理念は一般の学校と共通していますが、ＡＳＵの実践は学校とは異なる面をもちます。

まずＡＳＵでは、カリキュラムを再検討し、教師は子どもたちが興味関心をもつものを対話のなかで引き出し、それを実際の取り組みに変えて（たとえばチャレンジタイム）、それが他者と共有され、みなで楽しめるものへと発展していくことを大事にしています。一見遊んでいるだけに見えますが、この時間の準備には相当なエネルギーがかけられており、子どもの体験としては、自分の大事な世界を他者と共有する貴重な体験となっています。また絵画や習字、作文といった創作活動や、卓球など身体活動を通しての表現など、ありとあらゆる機会を通して、子どもたちの考えや感情を理解する機会としています。

もう一つＡＳＵの特徴としてあげられるのは、教師がカウンセラー的な役割を果たしていることです。その様子は第３章に詳しく描かれていますが、教師も、細やかに子どもたちに声をかけ、話を聴き、目先の問題行動にとらわれるのではなく、子どもとの関係を育むことに尽力しています。教師が適切なカウンセリングマインドをもってかかわると、子どもたちはＡＳＵという場全体に大きな信頼感をもってくれます。

カウンセリングでは、来られた方が安心し自由に何を言っても責められないという自由な空間と時間を提供することをめざしますが、ＡＳＵ全体がカウンセリングの場になっているかのような時期もありました。スタッフの入れ替わりとともにこうした雰囲気は随時変化しますが、教師がカウンセリングマインドをもち、日々、しっかりと子どもたちを受けとめていたことで、ＡＳＵ全体が子どもたちを抱える器の役割を果たしていたと考えます。

また教師とカウンセラーとの密な連携があったことも特徴的でした。保護者にカウンセラーが会い、教師が子どもの話を聴くといった母子並行面接のようなかかわりも行っています。

（3） 実践上の課題――カウンセリングマインドをもつことの難しさ

しかしこうした理念を実践するには、現場ではいくつもの難題が存在します。まずはカウンセリングマインドをどう身につけるかということです。ＡＳＵは若いスタッフが多いこともあり、教員採用試験に合格すると一般の学校現場に教師として就職するなどスタッフがよく入れ替わります。そのなかで組織としてカウンセリングマインドを維持し続けることは簡単なことではありません。

また、全体として子どもたちを抱えていかねばなりませんが、思春期の子どものもつ悪の部分である激しい破壊性を受けとめ、子どもの個性が育つようにかかわるには、大変な忍耐力が必要です。その忍耐力もカウンセリングマインドの一つですが、持ちこたえられずに動いてしまうと、そこでさらに状況が複雑になります。子どもの心のなかにある破壊性が発揮されるのはそういうときです。

子どもたちが私たちに突きつけてくる「破壊性」、心のなかの「悪」の部分は、器物損壊、他者への暴言・暴行といった形で現れますが、それは大人の心の損壊を招きかねないほど激しいもので、かかわる者に、怒りや憎しみの心を生み出すことすらあります。また、子どもたちが抱えている心の闇を感じると、おののきを覚えることもあります。たとえば他者の痛みをまったく考慮しない陰惨ないじめ、何の罪悪感もなく行われる援助交際、しかもそれが知られても、罪悪感なく平然としている様子を見ると、本当の自己とのつながりがいかに切れているかが実感され、恐ろしいとさえ感じます。

ときどきは激しい怒りや憎しみの対象になることもありますが、子どもたちは「こうした人間の心の悪を大人はどう生きているのか？」と心底問うていると思います。それに誠実に答えながら、この子どもたちの問いとし、ＡＳＵという器で抱えていくためには、よほどの「カウンセリングマインド」が必要で、日々悩んでいるところです。カウンセリングマインドを実践しているつもりでも、実際はそうできていないということもしばしばあります。それに対して生じてくる子どもたちの動きの意味を受けとめ、さらに変化していく、その営みがＡＳＵであるといえるかもしれません。

(4) 失敗から学ぶ

これまでＡＳＵではいくつもの問題提起が子どもたちからなされました。私たちスタッフに見えていないものについての厳しい一言です。たとえば「あの先生は人としての心がない」といった子どももいますし、「なんであんな人がＡＳＵにいるの？」と痛烈に批判した子どももいます。

スタッフも一生けん命やっていても、人は自分の感性で把握できないことはないものと考え、目に見えるものから相手を判断しがちです。また、すでに自分の価値体系をもっており、そこに入ってこないものについてはなかなか見ることができません。そこを子どもたちは鋭く突いてきます。

以下にあげるものはいずれも現場で生じやすいずれです。こうした態度をとっていると子どもたちから何らかの反応があり、それによって、また態度を修正するべく奮闘するというのがＡＳＵのこれまででした。
1．操作的態度：この子どもをこうもっていこうという意図的操作的なかかわりには、共感的理解は働いていません。相手の感情をそのまま虚心坦懐に受けとめることが共感的理解の基本です。ほめて伸ばそうと操作されるよりも真に理解されたと感じているほうが子どもは元気になるのです。
2．自分の相手への感情だけで行動しない：カウンセリングではカウンセラーがクライエントに対してもつ感情を逆転移感情といいます。それにはカウンセラー個人の心理的問題から生じるものとクライエントに触発されて生じるものとがあると考えられています。これは人が二人いれば必ず生じる現象ですが、治療関係のなかで生じることはこの治療者の逆転移感情に大きく影響を受けます。たとえば，初心者にありがちですが，子どもの気持ちに共感していると，保護者の子育てを批判的に見てしまい，保護者とのカウンセリングがうまくいかないことがあります。その時のカウンセラーの保護者への思いがネガティブな逆転移感情と言われるものです。そこにはカウンセラー自身の未解決の葛藤ないしは青年期的課題が絡んでいることがほとんどです。

教師も同じです。教育理念のもとに合理化されていても，たとえば教師が子どもとかかわるときに，この子どもは可愛いところがあるといった情緒的な好悪で子どもへの行動が無意識的に決定されていることがあります。人間関係の基本はこうした好悪の感情ですが，あの子はいいところもある，いや，あの子はどうしようもないといった見方の背後にあるのは感情論です。そうした感情をもとに無意識的に行動するのではなく，自分自身の感情を抱え，真に子どもが見えてこなければ，関係性は発展しません。とくに，最近増えている自己感が曖昧な子どもたちには，過度に巻き込まれることなく，まずは安定した二者関係を提供することが不可欠であると考えます。

3．相手を自分の欲望の対象としない：昨今のように教師も査定され，生徒指導の成功が教師の力量として評価されると，子どもを知らず知らずのうちに自分の評価のための欲望の対象として見る危険性が生まれてきます。保護者や子どもからいい先生と言われることを無意識的に求めてしまうのです。それに流されぬこと，そういったものを超えたところで子どもと出会うのがカウンセリングマインドです。カウンセリングでは徹底して中立性が求められますが、不安が深い人ほどこちらの無意識的意図を敏感に察知し、さまざまな気持ちの揺れ動きが生じます。ときどき中立性という原則を越えねばならないときもありますが、それでも中立性が強調されるのは、こうした理由からなのです。

4．こちらの価値観を保留する：共感的理解において難しいのはこの点です。特に学校へ行くことを単純によいことであると考えていると、大きな失敗を犯すことになります。学校へ行くことよりも、本人が自己発見し、自己表現できるようになり、主体的に自己形成できることが支援の目標です。しかし、大人が学校へ行くことが何よりよいことだという暗黙の価値観に支配されると、どこかで子どもをひっぱり負担をかけます。そうすると、子どもは期待に合わせて動いたり、あるいは抵抗したりします。また真には理解されていないという気持ちが募り、大人の理解不足を修正しようとする動きが生じてくることが多いといえます。

5．新しい学びに開かれる：カウンセリングのなかでは、展開するにつれて、その人の新しい姿が見えてきます。最初はこうだと思っていても、そうではない部分が現れてくる、すなわちカウンセラーにもクライエント本人にも発見されてきます。そうした発見に開かれている柔軟な姿勢があってはじめて、子どもや保護者の硬直している心が動き出します。しかし、ここで態度が硬直化していると新たな子どもの声は聞こえてきません。ASUでは、子どもたちが持ってくる漫画や小説をスタッフも読んでいますが、そうしてはじめて、彼らが生きている感覚がわかることがあります。またネガティブな逆転感情を乗り越え新たな子どもの姿を見出すことで、子どもの語りが変わることもあります。

このように新しい発見、新しい可能性に開かれているということこそが、カウンセリングにおいても教育においても大事であると考えます。なお、このことは他者との対話に開かれているということでもあり、曖昧さに耐えながら考え続けることでもあります。先のことはわからない、だから自分も入れ込んで考え続けるということ、換言すると、少しずつの変化を見極めながら、あるいは変化がないようにみえる時期も含めて、待つ力こそが、子どもたちの成長を生み出すと考えています。

以上、失敗のなかから学んだことをあげました。ただ、失敗してはならないという強迫心性があまりに強いとそこにも硬さが生まれます。ＡＳＵでは、スタッフの失敗に子どもが怒り、自己主張する契機になったこともありました。スタッフも率直にわび、信頼関係が深まったこともあります。こうした場合、子どももスタッフも当事者はその関係のなかに生きるのに精いっぱいであるため、双方が成長するべく全体を見渡す人のもと、スーパーヴィジョンや事例検討会、あるいはスタッフミーティングが行えるような体制を作っておくことが大事であると考えています。

(5) ある教師の実践——共感的理解と象徴的去勢の統合

それでは、次に支援の一例として、ASUで一〇周年シンポジウムを開いた折に、ある卒業生が語ってくれたことを述べます。

発表してくれたある高校生は、もっともつらかったときに担任の先生が、ただ黙って五、六時間付き合ってくれたと感謝をもって語っていました。自分でも本当にどうしてよいかわからぬままに言葉を発することもできず、ただただつらかったその時間、その先生が黙って横に座っていてくれたというのです。この先生にあとで伺うと、本人のつらさに身じろぎもできぬ気持ちで寄り添っていたそうなのですが、ひたすら横にいるしかないと思ったと語っておられました。おそらくこの先生は彼の言葉にならない思いを聞き、じっとそばにおられたのだろうと思いますが、これがいかに労力のいることか、真の共感的理解がどれほどの労力を伴うものか、このエピソードが示してくれていると思います。時間が長かったことが大事なのではなく、身じろぎできぬほどの危機感を感じ、立ち上がるに立ち上がれないほど子どもの気持ちが伝わってくると感じられることが、共感的理解なのです。

一方、この先生は言うべきことはしっかりと言っておられました。中学三年生になっても勉強をする気が起きず投げやりになっていたときに、何度も何度も声をかけた末にそれでも動かない本人を前に、「もう知らん。あとの勉強は自分でやりなさい」と突き放されたとのこと。本人は、そう言われて、はじめてやはり勉強しないといけないと思ったそうで、ここから大きく態度を変えたと話してくれました。この先生との信頼関係がしっかりしていたからこそ、本人は甘えをしまい込む体験ができたのですが、ここに教師が全力でぶつかっている素晴らしい姿があると思います。

この先生が「私はここまで」と一線ひかれたことで、この一言が象徴的去勢として働き、子どもの甘えが心のなかにしまい込まれたと考えられますが、そのベースにあるのは、彼がこの先生を一人の大人として信頼し、尊敬していたことであろうと思います。その信頼を育むのが、じっと横に座っていられるほど子どもの気持ちを理解できる感性です。

(6) カウンセリングマインドを自分のなかにどう育てるか

それではこうした姿勢はどのように育まれるのでしょうか？　もっとも基本はその人が心のなかにもっているよいもの、子どもたちが好きで、相手のために役に立ちたいと思っている真摯な気持ち、そして相手を理解したいと思っている気持ちであると思います。仕事だからやるのではなく、人としてそのように「ある」ことが大事だとＡＳＵの先生方のかかわりを見ていて、筆者も学ばせていただきました。

そのうえに、専門的なカウンセリングマインドが育まれるのですが、それを育むのにもっとも大事なことは、自分の体験をもとに考えることであるといわれています。本を読んでもカウンセリングマインドを体得することはできません。実際のかかわりを細やかに振り返り、自分に見えていないものや自分のかかわり方の癖に気づくこと、ひいては自分の問題に気づくことが、何よりカウンセリングマインドの育成につながります。

ＡＳＵでは、子どもたちはスタッフがこうした態度を維持しているかどうか、鋭く見抜き、その態度に課題があると容赦なく怒りを爆発させたり、こちらの胸に突き刺さるような一撃を発したり、あるいはそれとなく距離をとっていきます。

大人に感じる違和感を言葉で言ってくれる子どもとのやり取りは、弾丸が飛んでくるような真剣勝負です。ときどき鋭い一撃をくれる強者もおり、自信をなくし落ち込むこともありますが、それをなかったことにせず、つらくともそこに踏みとどまっていると、また関係が変わってくることもありました。このような一撃は、その時に、こちらが寄って立っているものを壊しますが、その一撃をしっかりと受けとめ生き抜くことができれば、他者理解について、あるいは自分の課題について新たな視点を得ることができ、同時に相手の変化をもたらすことにつながっていきます。カウンセリングマインドとは、ただ受容的に聞くだけではなく、こうした支援者自身の心の仕事を要求するものであり、この仕事を行うことを通して、もっともよく育まれるものであると思います。

これは教師の場合も同じです。不登校支援にかかわると、学校で当たり前とされていたことが通じぬことに気づかれ、教師としての自信が崩壊し、なかには体調を崩す方すらおられます。それまでの教育観、教師としての自信が打ち砕かれ、大変苦しい思いをされるのですが、こうした価値観の崩壊を受けとめることによってこそ、新たな見方、新たな自分が生まれることにつながるようです。この変容を生きることがカウンセリングマインドをもつことに通じます。この過程を生き抜くことは本当に苦しいことですが、それを見事に生きている教師もおられます。

たとえば、鈴木（二〇一〇）は、ブリッジスクールを立ち上げ、不登校の児童生徒に学習機能を備えた居場所を立ち上げる取り組みのなかで、自分の思いに子どもが無理に応え、進路を決めてしまったものの続かなかったという痛い経験を書いておられます。そして、子どもの話を受けとめているようで、待てずに自分の考えを先に伝える癖を「教師のかまえ」と呼び、それに気づき、子どもを「一人の人間として遇することの基本」に立ち戻ったと述べておられます。

このように、自分のもつかまえに気づき、これまでの教育観を壊すことは、誰にでもできることではありません。鈴木先生が卒業生の進路変更という痛い一撃を受けとめ「生徒の声が聞こえてくる喜びを感じられる」ようになられたことは、先生自身があるがままに存在しておられることと同義に読めます。筆者の考えではここに体現されているのが、カウンセリングマインドです。自分を小さくし、心理的距離を保ちつつ、こちらの欲望に合わせて引っ張ることもなく、自然に共感的に出会う。それがカウンセリングマインドの基本姿勢であると考えます。

(7) ASUでの支援は甘いのではないか?

ASUでの支援の本質がカウンセリングマインドにあることを述べてきました。こうした実践は多くのフリースクールで行われていますが、梅澤(二〇〇六)は、フリースクールで教師に受けとめられることを通して、子どもたちが自分と向かい合い、自尊心がもてる方向へ自ら歩みだす様子について述べています。

一方、このように述べると、教育支援センターや特区学校は指導が甘いのではないかと誤解されることがあります。しかし、そうではありません。ASUでも、子どもたちが教師にぶつかっていること、あるいは教師が全力をあげて子どもと向かい合っているのは、実践報告の通りです。

繰り返しになりますが、これは、カウンセリングでも同じです。カウンセリングにもさまざまな考え方がありますが、筆者の実践している力動的なカウンセリングでは、共感的理解をベースに、ときどきは一線を引いて壁になり反発を受けとめることによって、その子が自分自身を向かい合っていけるように努めます。

ある子どもは「カウンセリングに来ると自分のなかの汚い部分を見ないといけないからしんどい」とあたかも自分のなかの汚ない部分を吐きだそうとするかのように、面接中にえづいていました。カウンセリングの最中は、面接を忘れたり、すっぽかしたりして、つながっているのかいないのか、わからないようなことが頻繁にありましたが、こうしたつながりへの破壊は、力動的なカウンセリングでは、しばしば生じる事態です。ここをどう生き抜くかがそのクライエントとカウンセラーの双方の力によって決まっています。これをやらねばクライエントの真の成長はないと言ってもよいぐらい重要なことです。

一方、子どもの思い込みが入った理不尽な怒りについては、子どもたちと向かい合い、こちらの意図と子どもの受けとめ方のずれについて、話し合っていきます。こうした本音での営みを通してこそ、子どもたちにもそれまで自分に見えていなかったものが見えるようになり、自分について考えることができるようになることは多くの事例報告に示されています。自分が生きる方向性を主体的に選択しはじめるのはここからです。そこに本人の主体的な努力があり、人として正しい選択をしたという自分への信頼、すなわち自信が生まれてくることをＡＳＵの子どもたちは教えてくれました。

小中学校は、子どもたち同士でも、また子どもと大人との間でも、日々出会いが生じる場所ですが、そうした出会いにこそ、苦しみと喜びがあると感じています。

3　これからの不登校支援に求められるもの

（ASU主任カウンセラー　千原雅代）

（1）かかわること・聴くことの質をあげる

本書で述べてきたように、不登校支援の本質は、相手をそのまま受けとめ、人と人との対決を含む対話が可能となるような人間関係を育むことです。具体的にはカウンセリングマインドをもち、「聴く力」を磨くこと、適切な他者理解をもつことが根本的な課題であろうと思います。

現場では聞いているようで聞いていないこと、わかっているようでわかっていないことがよく生じます。そうしたかかわりをすると当事者から距離をおかれることが多く、まずはそれに気づくこと、そして何が足りなかったのかをSCであればスーパーヴィジョンで、教師であれば事例検討会などで細やかに検討していくことが聴く力を育てることにつながると考えます。

教師がカウンセリングマインドをもつことは本書で述べたように、「教師のかまえ」を捨てていくことを意味し、アイデンティティが揺らぐほどの心理作業になることもあります。

また、教師は日常の子どもたちにかかわっているため、「集団」への対応と「個」への対応で板挟みになる事態に遭遇します。たとえば集団のなかで他者に迷惑をかける子どもがいたとして、集団のなかで指導せねばルールがあいまいになり、筋が通らなくなる事態がありま す。その場合、周囲の子どもたち自身がそれをどう解決していくのかといった視点ももちながら、本人との信頼関係のなかで問題を取り上げ、集団と本人両方の間でバランスをとるような力量が必要になるかもしれません。これが相当な他者理解と子どもの抱えているものに巻き込まれないような人としての器を要することは言うまでもありません。

(2) 学校における体制の課題と学校支援の必要性

① 校内体制

現在、学校では主たる不登校支援として、担任や家庭訪問、教育相談、別室登校や養護教諭による支援、さらには学外から入っているメンタルフレンドやSC、SSWによる家庭訪問や学校内でのカウンセリング、および他機関との連携が、SCや学外スーパーヴァイザーによる事例検討会、教員研修、小中連携、学習改革、魅力ある学校作りなどが、行われています。

これら学校の機能をつなぎ、動かすのが、教育相談や生徒指導という役職ですが、この役職が機能している学校はＳＣへの受け入れもスムーズであることが多いといえます。しかし、現実には特別支援コーディネーターがこの役割を兼ねる、あるいは教諭が特別な訓練なく教育相談担当になり個人の資質のみで奮闘しておられるなど、高度な専門性のための訓練は準備されていないのが現状です。また担任が諸問題を抱え込まざるを得ず、一人で悩んでおられる状況もいまだ散見されます。授業準備に加えて書類作成、校務分掌上の会議など忙殺されているところに、子どもたちの問題行動が生じると、教師も追い詰められ、まさしく「忙」の字が象徴するように、「こころを亡くす」状態に陥ってしまわれるようです。カウンセリングマインドの基本は、己を振り返り自らの心を耕すことですが、そのためには一度立ち止まらねばなりません。そのための時間と自らをふり返る姿勢が先生方に必要であると強く感じます。

② 学校支援の必要性

それゆえ、不登校支援においても、担任が中心であるとしても、さらなるＳＣおよびＳＳＷの配置など、学校を支援しうる体制をさらに整備する必要があります。大阪府下のある市は、不登校が多い中学校にカウンセリングマインドをもった不登校支援専門教員を配置するなど、新たな体制で取り組んでいます。

最近ときどき取り上げられるように、日本は、教育機関への公的な財政支出の対ＧＤＰ費が三・六%とOECDのなかでもっとも低いのですが（経済開発協力機構、二〇一三）、不登校支援がひきこもり支援の一端を担っていることを考えると、この支援体制の整備は喫緊の課題です。

ちなみに、二〇一〇年の内閣府による「若者の意識に関する調査（ひきこもりに関する実態調査）」によると、地域間格差があるものの、一五歳から三九歳の人たちのうち、コンビニエンスストアなどには行くものの基本的に家庭にいる「ひきこもり」の人が二三・六万人（約一・八%）、自分の趣味に関する外出はするものの基本的に家庭にいる「準ひきこもり」の人が四六万人（四・〇%）存在すると推定されています。経済状況や就職状況もこの数字には影響しますが、若者のうちこれだけの人が家庭にとどまっているということは重大な社会問題です。

この調査では、不登校との関連も検討されており、不登校経験者はひきこもり群で二三・七%、準ひきこもり群で一四・五%となっています。すなわち、両群を合わせると三八%の人に不登校経験があることになります。また、ひきこもり支援を実践している精神科医の斎藤（一九九八）によれば、クリニックを受診したひきこもりの人八〇名のうち不登校がきっかけになった者は六八・八%と報告されています。ひきこもりは何歳からでも生じる現象であるため、不登校であればひきこもりになりやすいと安易に関連づけることは危険ですが、これらのデータは、不登校支援はひきこもり支援にもなることを示しています。それゆえ、不登校が顕在化する学校という現場で、まず最初の支援をスタートさせることがひいては引きこもり支援へとつながっていきます。しかし、学校教師は、不登校の専門家ではなく、ましてや引きこもりの専門家でもありません。それゆえ、学校に専門家を適宜配置し、不登校という形で顕在化したときに、速やかに対応できるような学校支援体制が必要であると考えます。

(3) SCの課題

① アセスメントとケースができること

学校に外部から入るSCの力量は重要です。SCは、不登校、非行、いじめと課題が山積する学校に配置された専門家です。そのため期待も高く、また結果を出して学校に役立つことが求められます。

SCは、外部の存在でありながらも内部に入り、教師と信頼関係を育み連携をとることが重視されています。しかしここで忘れてはならないのが心理療法を行いうる専門家としての力量です。SCは長期にわたる面接や構造化された面接が困難なこともあり、インテンシブなカウンセリングを行う自らの力量を見誤る危険性があります。したがって、構造化された面接をどこか他のところで実践しつつ、スーパーヴィジョンや事例検討など地道な研鑽を積むことが不可欠であると考えます。

またSCの大事な機能の一つに、アセスメントと見立てがあります。それは診断をすることではなく、生活状況、家族関係や生育歴および今ここでの対人関係に現れている内的対象関係などを総合的にまとめあげ、クライエントが抱えている苦悩を理解するとともに、心理的にものを考える力や防衛の在り方などを把握することです。SCはそれを、クライエントとの面接はもちろん、コンサルテーションや保護者面接に生かしていくことになります。たとえば反復される関係性が教師との関係に持ち込まれていることがわかると、その点をコンサルテーションで伝え、教師が子どもや保護者の心理的課題に巻き込まれることへの防波堤を提供することもできます。一度の面接で相手を理解することは到底できないため、一般的に、見立ては適宜改変されるものですが、神経症圏、精神病圏、発達障害といった漠然とした分類をするのではなく、本人の苦悩をとらえられるような見立ての力量が求められているといえます。

またSCだけの仕事ではありませんが、見立てていくうえで情報収集として、小中の連携、場合によっては幼稚園・小学校の連携は有効です。目の前の問題行動だけを見るのではなく、その人がどのような思いで生きてきたのかが理解しやすくなるためです。中学校で不登校になる子どもたちは、小学校時からサインを出していることが多く、最近は連携に取り組む小中も増えています。それをつないでいくのもSCの仕事の一つであるかもしれません。

② SCは応用的な職場である

SCは、個別ケースを担当する能力はもちろん、教師と見立てを共有し、対話を通して共通理解を形成していく力、アウトリーチのアプローチをする力など多様な能力を求められます。SCの仕事は個別面接とは異なり、高い専門性を要しないという誤解がありますが、学校こそ、しっかりした専門性をもたずしては通用しない応用的な現場です。ケースに応じて深くかかわる場合もありますし、浅く広くかかわって限られた時間のなかでコンサルテーションを中心に工夫をすることもあります。ウィニコットの外来では一回のコンサルテーションで、子どもが自分自身に触れ劇的に変化していますが（Winnicott, 1971）。一人の子どもが元気になったということが、何よりも現場には説得力をもつため、インテンシブな面接を視野に入れたコンサルテーションが不可欠であると考えます。

③ 足りないSCの勤務時間

SCの勤務時間は、学校のなかに入り込めば入り込むほど足りないと感じます。日本のSC制度における勤務時間は、SCが常勤職員として配置されているアメリカなどに比べて、大幅に不足しています。SCが配置されているのは、大都市で週一日八時間であり、少ない学校では隔週や月一回の場合もあります。このなかでSCは、不登校の子どもや保護者との個別面接、教師とのコンサルテーション、訪問面接、外部機関との連携などをこなさねばなりません。七〇〇人規模の学校では不登校の子どもは不登校率三％であれば二一人いることになりますが、週一日でこれらすべてに対応できぬことは明らかです。

また、筆者はＳＣとして非行傾向のある不登校の子どもたちの集団とかかわり、現実に介入しつつ対応した経験がありますが、集団的な行動化を止め、個別対応を設定しながら、同時に不登校の子どもたちを同じ場所で抱えていくことは、限られた時間では非常に困難です。枠を設定しないと神経症的な不登校の子どもたちの面接を守ることができぬ一方、非行の子どもたちは約束した時間に来ることはめったになく、やってきたときにかかわらねばならないためです。

また、不登校の子どもたちはそもそも学校に来られないため、ＳＣが学校で本人とカウンセリング作業を行うことは相対的に少ないという現実があります。したがって、学校外の無料の公的カウンセリング機関の設置が不可欠です。

（４）学校外機関に問われていること

学校外支援機関としては、①教育支援センター（適応指導教室）、②教育研究所や教育総合センターなどにおける教育相談や特別支援相談などの相談活動、③サポート校・フリースクール、④ＮＰＯ法人によるカウンセリングや居場所提供活動、⑤親の会の活動、⑥高尾山学園、洛風中学校、東京シューレ葛飾中学校およびASUなどの特区学校、⑦児童精神科や心療内科などの医療機関、⑧大学における心理相談活動などがあげられます。

① 教育支援センターに求められるもの

このうち保護者に認知度が高く、よく利用されるのが、心の居場所となる機能と学習支援機能をあわせもつ教育支援センター（適応指導教室）です。平成二五年度文部科学省問題行動調査（文部科学省、二〇一四）によれば、効果のあった指導のうち外部連携機関としてもっとも多くあげられるのが、この教育支援センターでした。この統計では、三一・五％の学校が連携をとっていますが、伊藤ら（二〇一三）が詳しく述べているように、そこに通っている子どもは不登校児童生徒の約一割であり、またスタッフが非常勤であり、財政的にも不安定といった問題があります。

教育支援センターは、フリースクールなどに比べ学校復帰をめざす方向性がありますが、支援センターには専門家がいない、発達障害や非行のある子どもたちなどが同時に通室するため運営に苦慮するといった課題が指摘されています（伊藤、二〇一〇）。心理臨床の専門家や不登校支援の経験豊富な教師の配置が望まれるところです。

ASUの前身にも「あゆみの広場」という適応指導教室がありました。適応指導教室とASUとで異なる点は、カリキュラムがあり、生活が構造化されるという点です。「あゆみの広場」からＡＳＵに変化したときに一部子どもたちからは反発もありましたが、慣れるとむしろ高校に行ってからの継続率が上がりました。その理由の一つは、生活が構造化され、朝起きて登校する習慣と学習する習慣が中学生の間に身についていたことであろうと思われます。

ただし、適応指導教室を特区学校に改組するには大事な留意点があります。それは学習を重視するあまり、居場所になるという肝心な点がおろそかになり、子どもたちが通室できなくなることは避けねばならない、ということです。実際に学習支援に傾き過ぎ、教育支援センターへの不登校が起こってしまったケースもあります。

②　その他の学校外機関や支援機能の充実

不登校には多様な支援機関がありますが、教育支援センターの次に利用されているのは、公的な教育相談センターや教育研究所などの教育相談機関、および大学付属の心理相談室や民間のカウンセリング機関、医療機関などです。しかし、いずれもよく機能しているところは予約待ちであることが多く、とくにもともと数が少ない児童精神科は大変混んでいます。また、公的な教育相談や学校外カウンセリングの場が併設されている市町村は、まだ一部です。

不登校の子どもたちは学校に行くことができないため、学校のＳＣが出会う事例はそう多くありません。そのため、学校外のカウンセリング機関を充実させる必要があります。たとえば、一部市町村には、時間と場をしっかりと決め毎週カウンセリングができる教育センターがありますが、設置されていない市町村の方が圧倒的に多いです。それゆえ現在この機能は、医療機関や民間および大学付属の心理相談機関などが補足的に担っていますが、子どもの貧困率が高くなっている現在、公的な場として準備せねば通える人はごく一部に限られてしまいます。

また居場所と学習機能を備えた場として、フリースクールも全国に四〇〇以上あると言われており、最近は、高校も単位制・通信制・チャレンジスクール・全寮制私立学校や不登校対応を主とする私学など、進路も多様化しています。

しかしいずれにせよ、子どもたちが少しでも元気になり、少しでも生きやすくなるような支援ができているのかどうかがもっとも問われることであろうと思います。

(5) 新たな取り組みの必要性

このように不登校支援には多くの課題がありますが、一方で、それぞれの立場で支援を立ち上げることが可能になり、多様な支援の場が生まれつつあります。またそれらと公的機関が連携することも増えています。

たとえば奈良県では県教育委員会と市町村教育委員会とが連携して、不登校保護者の会をモデル事業として実施しましたが、現在それらは当事者の会として活動するようになりSCやSSWも交えて保護者の不安や悩みを語り合う場となっています。このように今後、不登校支援においては、現在ある支援機能の拡充とともに、あらたな支援の場を立ち上げ、公的教育機能と連携することが有効であると考えます。

4　これからのASU（ASU主任カウンセラー　千原雅代）

（1）多様化する不登校への対応

不登校が多様化していることはすでに述べました。大人しくまじめで葛藤を内在化している神経症的不登校の中核的な子どもたちだけではなく、葛藤を排除し行動化する子どもたち、発達障害的なところをもつ子どもたちなど、実にいろいろな子どもたちが存在しています。

どのような子どもたちであれ、子どものことをしっかりわかっていないと、スタッフのほんの些細な（と大人には思える）言動で、子どもたちはASUに来なくなったりします。しかし、詳細に検討すると、やはりそこには理解不足ゆえのずれがあるといえます。それゆえ、子どもや保護者への理解を深め、スタッフ自身がみな成長していくことがASUの課題です。

これを大前提にしたうえで、多様化する不登校への支援として、①発達障害を抱える子どもたち、②葛藤を排除し行動化する子どもたち、③ASUに来られない子どもへの心理的支援および学習支援をどう行っていくかが課題であると考えています。

(2) 発達障害を抱える子どもたちへの支援

第3章で述べたように発達障害を抱える不登校児は少なからず存在するため、今後はこうした子どもたちへの対応は不可欠です。その基本は、正しい認識をもつことではないかと思います。特性理解に関する基礎知識はもちろんですが、根本的に大事なことは「発達障害」の受けとめ方です。近年の遺伝子研究から、人という種の多様性が明らかになりつつあり、発達障害を抱える人たちを異端視するのではなく、「私たち人間文化を共に創る、私たちの仲間である」(鷲見、二〇〇八)といった認識が妥当であると考えられています。それゆえ、ASDであればSSTといったような画一化された方法を適用する「オフィシャルレトリック的な生徒指導」(脇浜、一九九八)を排し、一人ひとりに合わせて、困りごとの解決を工夫するような特別支援教育が必要です。それは同時に、こちらも学び育つことを意味します。

ASDを抱える子どもたちは状況認知が独特であるため、こだわりやパニック、特定の他者へのストーカー的な熱愛など、周囲が困る行動も多く生じますが、環境がそれを抱えていくと、成長とともに状態像が変わることはよくあります。また学童期にＡＳＤの診断がついても、社会に出て適応がよくなれば診断がつかなくなることもあり（安藤、二〇〇八）、特性のみに特化しない全体的な視野をもつ必要があります。

さらに具体的に述べると、関係性という視点が不可欠です。生徒指導のみならず学習においても、教師と生徒との関係性は作用します。両者の関係性が悪くなるとそれが学習に悪影響を及ぼす形で負の連鎖が始まります。そこから生じる問題行動をすべて大脳機能の問題に帰すようなことがあってはなりません。

こうした悪循環を抜けだす道の一つは、既述のとおり、本人の体験世界に沿うことであると考えます。たとえばある子どもは他者との会話に集中することができませんでしたが、それは相手の耳の形がとても気になるからでした。それをこだわりと片づける前に、彼らに世界がどう見えているのかを理解することが基本なのです。ともすれば特性だけに着目するような「外から目線」（青木、二〇一二）ではなく、この子には世界はそう見え、そう感じているのか、といった彼らの体験世界に近づくような理解とそれに基づいて個々に工夫された支援が必要です。ＳＳＴなども有効な場合がありますが、基本にあるのは彼らを理解しようとし、ともにいる他者の存在であることは言うまでもありません。健常者と言われる人も本来はみな「未熟」なのであり、「個性」がある限りは偏りがあるのですから、その自己認識にたった関係構築が必要であると考えます。

また、発達障害を抱えながら不登校になる子どもたちも、思春期に入ると、性衝動の問題、異性への接近欲、自己意識の揺れなどでさまざまな激動を生きています（小林、二〇一三）。その揺れを受けとめながら、具体的に相談に乗るような人とのかかわりもいるでしょう。ASUではまだ実践の取り組みが少なく、経験が乏しい状態であるため、専門的知識を取り入れ、こうした支援を実践していきたいと考えています。

（3）葛藤を抱えられない子どもたちへの支援

次に、葛藤を排除するタイプの子どもたちへの支援ですが、これらの子どもたちは、多くの場合、かかわる者にネガティブな気持ちを引き起こします。ある人にはある面を、別の人には別の面を見せてばらばらな自分をそのまま生きることもあります。また、表面的な関係しかもたず、心の底にある不安は言語化もされず、そのままになることもあります。これらの子どもたちは「人としてそれはだめだ」という行動をしてしまうのですが、これらの子どもたちを不登校の子どもたちの支援の場でどう抱え、自分についての気づきや自我形成を支援するかが、大きな課題です。

こうした子どもたちは、大人が自分のなかの悪をどう生きているのか、という根本的な問いを投げかけてきます。その時に大人が自分のなかの悪を否認していると、「嘘くさい」とすぐに信頼を失います。こうした根本的な問いには、逃げることなく答え、「で、あなたはどう生きるの？」と問い続けねばなりません。筆者とこのような過程を生きたある女の子は、終結時に「私が考えられるようにしてくれてありがとう」との言葉を残してくれました。この人が、自分のなかの悪の部分と向かい合えるようになるには、実にいろいろなことがありましたが、卒業時には自分について考える力を得たものと思われました。

こうした心の仕事は一人ではあまりに孤独でなしえない仕事です。集団指導の場では対人トラブルも生じましたが、周囲の子どもたちはそれをきっかけに、主体的に育っていきました。教師集団がネガティブな思いを行動化することなく、全体を抱えていたことが、それぞれの子どもの成長につながりました。

こうした経験をもとに、子どもの心の統合に向けて、一人ひとりを抱える力量をあげていくことがＡＳＵの課題であると考えます。抱える力の源は、子どもへの理解や、子どものもつよいものを信頼する力です。巻き込まれると子どもの問題の部分しか見えなくなりますが、どのような子どもであっても、重心低くかかわり、できるだけ感情的に巻き込まれない力を鍛えていきたいと思います。

なお、どうしても受け入れられないという子どもたちの行動に対しては、支援者のなかで葛藤が生じます。そのときに怒りを安易に行動化するのではなく、支援者自身の内的な対決を経て、これでいこうと方針決定する内的作業が不可欠だと考えられています（たとえば、春日井、二〇〇八)。現実は多様性をもつがゆえに、そうした瞬間の決断はすべて賭けとならざるを得ません。それゆえ、子どもに対する最低限の礼儀としても、支援者自身が内省し、自分自身との内的な対決を経て、ごまかしや合理化をせぬよう気をつけ、やってしまったら気づけるような体制を作ることができればと思います。こうしたスタッフの側の心の仕事をおろそかにしないような集団をどう作っていくかが大きな課題です。

(4) 心を育てることと学習支援

次に課題としてあげられるのが心を育てることと学習補充の機能とのバランスの問題です。下手に学習指導に偏ると、子どもが情緒的に揺れてASUに来られなくなることがあります。学習だけに気持ちがいくと、相手に寄り添うという心理的な支援がおろそかになります。こうした学習と心理的支援のバランスが引き続きASUの課題であると考えています。

また「あゆみタイム」で実践されているエンカウンターグループや、選択チャレンジなど総合学習的な取り組みを通して、学習場面で、自分や他人を知り、考える力を育み、知識や体験を増やせるか、さらに自由に展開させる余地があると考えます。数学が嫌いな子どもも、税金の仕組みや物の値段の決まり方、法律といった実務的な知識には関心を示しますし、理科の実験のように身近な体験に近い学習内容には関心もあり、ADHDを抱え多動であっても、ものづくりが好きな子どももいます。

世の中のニュースについて家庭で会話がない子どもたちは、関心を呼び起こすまでが大変ですが、よく話をすると、たとえば日本がどういう国でどうなっていくのか、どうするべきかに関心がないわけではありません。また、いろいろな心情を語っている小説や人間の真実を描いた絵本など、子どもたちの財産になるものはたくさんあります。子どもたちから突然鋭い質問を受けて、たじたじとなることもよくあります。「あ、自分が漠然と考えていたことはすでにお釈迦様がこう言っていたんだ。なら、読んでみようか」「この人はこういう人生だったから、こう考えたんだ」といったような生きた教養が必要です。歴史的にも地理的にも視野を広げ、自分がそのなかで生かされていると感じることこそ、大事な心理的成長であると考えます。学力偏重社会を生きるための学力もある程度は必要ですが、大人としてよりよく生きていくために必要な文化や教養をどう伝えていくのか、教育全般に問われている大きな課題をＡＳＵも抱えています。

こちらも学びながら、子どもたちが視野を広げ、生きるために必要な力を育めるよう、大人の想像力をより広げていきたいと考えています。

(5) 連携ネットワークの構築

さて、ここまでは今後の課題としてかかわり方について考えました。最後に現実的な連携ネットワークの構築について考えたいと思います。

一つ目は、最初に在籍していた原籍校との連携です。ＡＳＵは市内の学校との連携のうえに存在しています。学校で支援するのかＡＳＵへの入室を進めるのか、保護者や子どもの気持ちを大事にしながら、学校教育課とも連携し学校事情も考慮しながら判断せねばなりません。ＡＳＵに通室する場合は原籍校での対応が可能かどうか、当該学校に配置されているＳＣがまず面接し、その後ＡＳＵに紹介されるシステムになっていますが、学校へ行けない子どもたちであるため、そのＳＣとの面接に行けないという問題が生じることもあります。

またＡＳＵに来ている子どもたちが、原籍校へ復帰することもあるため、市内学校のＳＣや原籍校の教員との、密な連携ネットワークの構築が今後の課題です。ＡＳＵに通う子どもたちは、決して原籍校のことを忘れているわけではありません。なかには戻ろうかと考えている子どももいます。このときにもっとも子どもがショックを受けるのは、原籍校の先生が自分のことを忘れているということです。それゆえ、原籍校とＡＳＵとの両方で支援するということを前提に、学校や周辺からの思いに応えられるようなＡＳＵでありたいと考えています。

また連携を考えるうえでは、不登校の子どもを抱え、どこにも相談に行けず、一人で悩んでいる保護者に支援の手をどう届かせるかが、大きな課題です。原籍校の担任の先生方が家庭訪問をしても出てこられない家庭もあります。筆者が担当した家庭のなかにも、保護者がひきこもり状態にあり、子どもが三人とも不登校という家がありました。幸い保護者がカウンセリングに通って来られ、少しずつ前向きになっていかれたことによって、子どもたちにも動きが生じてきましたが、保護者に対応していなければ、不登校は長期化していたと思われます。田嶌（二〇一〇）はこうした家庭への対応として、現実的に何が必要かを想像し、そのニーズに応えることを提唱していますが、そうしたつながりをつくりながら、保護者が動こうと思われたときに通える場所、保護者自身の居場所づくりが必要です。特に激しいいじめによって不登校になっているような場合、学校に対して抵抗感が強い保護者もおられ、ＡＳＵで対応したこともありました。そうした場合は、主としてカウンセラーが対応しますが、保護者の居場所を連携のなかで作り上げていくことも今後の課題です。

なお、大和郡山市では、二〇一五年四月に、ＡＳＵ卒業生の保護者を中心に、不登校の親の会が立ち上がりました。一人で悩んでいる保護者にできるだけ参加いただき、悩みを語り、居場所になろうという取り組みです。奈良県下ではすでにこのような保護者の会が独自で立ち上がっていますが、筆者が参加した複数の市町村では、多くの保護者が感情を吐露し、他の保護者に支えられて、子育てにまた向かおうという元気を取り戻しておられました。こうした会では、子どもの状態によって保護者の気持ちにずれが生じることもあるため、当事者だけではなく、臨床心理士やＳＳＷ、指導主事など多くの立場の人がかかわり、全体として運営していくことも大事だと考えます。大和郡山市でも、学校教育課やＡＳＵの教師がかかわりつつ、保護者自身による自律的な運営がなされています。ＡＳＵに来る前の段階の保護者支援を学校や保護者の会と連携し、一人で悩んでいる保護者とつながっていくこともＡＳＵの今後の課題であると考えています。

最後に、ＡＳＵにおけるメンタルフレンドである学びのパートナーや学生ボランティアとの連携が課題です。学びのパートナー制度とはＡＳＵに来られない子どもたちの家庭に大学生・大学院生が訪問し一緒に遊んだりすることを通して心の安定を図るという取り組みです。全国で多くの自治体が実施していますが、この学びのパートナーや学生ボランティアの経験をスーパーヴァイズすることが必要です。詳細は伊藤（二〇一三）が検討している通りですが、大学生・大学院生が育つ大事な機会であり、つらくなって中断することのないよう、一緒に考えることが必要だと、反省を込めて考えています。

（6）〝不登校〟が問いかけていること

現在、不登校支援として、ＮＰＯを含め、自発的に多くの支援が立ち上がりつつあります。

全体の三％の子どもが不登校だという数字を多いとしない考え方もあります。しかし、子どもたち一人ひとりに出会っていると、彼らにはその悩みを一緒に抱えてくれる他者が必要であると強く感じます。

その実現には、かかわる方の資質をあげることはもちろんですが、社会システムの整備が必要だと思います。子どもたちは早期からサインを出しているにもかかわらず、それを拾いあげるシステムがまだ不足しています。たとえば、子育てに悩みがあるもののそれを誰にも相談できない保護者に対して保育園や幼稚園での早期発見と適切な相談の場の準備、特に早期乳幼児健診システムとの連動などは考えられる施策であろうと思います。そこで次につなげられる機関の設置も不可欠です。また、幼小中の連携や学校教育段階での学びの在り方の工夫、魅力ある学校づくりなども必要でしょう。

最後に、学校支援体制として、ＰＴＡの協力、キンダーカウンセラーの配置、小中高校へのＳＣやＳＳＷのさらなる配置、また学校外相談機関、特に教育相談のみならず専門的なカウンセリング機関の設置、教育支援センターへの専門家の配置や相談機能の強化なども重要な課題としてあげたいと思います。

なお、いずれも教師やカウンセラーといった支援者の力量が大きくかかわるため、養成の問題を考える必要もあります。集団の講義形式ではなく、自らが担当する事例検討や自らの在り方を振り返る体験型授業などが有効であると考えます。私たち大人自身が、スキルに走るのではなく、真に人の話が聞ける人間であるのかどうか、子どもたちは問うています。

この問いは今後、日本人はどのような価値観や世界観をもって生きていくのか、という問いでもあります。子どもたちの人生をかけたこの問いに、私たちは早急に行動でこたえていく必要があるのではないでしょうか。

公的機関に任せ、頼るだけではなく、地域で大人一人ひとりができることをしていく、そのような自由な創造性こそが、子どもたちの求めるものかもしれません。ガンジーの有名な言葉、「あなたがこの世で見たいと思う変化に、あなた自身がなりなさい」との言葉が思い起こされます。困難なことではありますが、子どもたちが出会いたいのは、そのような大人であり、ＡＳＵはそこをめざしていきたいと思います。

文献一覧

第1章

芦澤俊（二〇一四）非行から見た子どもたちの変化　季刊精神療法、第四〇号第四号、四二-四七頁

Dolto, F. (1979) Lorsquel L'enfant Parait. Edition du Seuil. Paris.（宮崎康子（訳）（一九八四）子どもの心理相談3　みすず書房）

Dolto, F. (1984) L'image inconscient du corps, Seuil. Points.（榎本譲（訳）（一九九四）無意識的身体像——子供の心の発達と病理（2）、言叢社、一一五-一七一頁）

不登校問題に関する調査研究協力者会議（二〇〇三）「今後の不登校への対応の在り方について（報告）」

学校不適応対策調査研究協力者会議（一九九二）「登校拒否（不登校）問題について——児童生徒の『心の居場所づくりを目指して』」

Gitteleman-Klein, R. & Klein, D.F. (1984) Relationship between separation Anxiety and agoraphobic Disorders. *Psychopathology*, **17**, 56-65.

伊藤美奈子（二〇〇〇）思春期の心さがしと学びの現場　北樹出版
岩宮恵子（二〇〇九）フツーの子の思春期　岩波書店
Jonson, M. A et al. (1941) School Phobia. *American Journal of Orthopsychiatry*. **11**(4), 702-711.
科学技術振興機構（二〇一二）「平成二四年度中学校理科教育実態調査」
河合隼雄（一九九二）心理療法序説　岩波書店
河合隼雄（一九九九）いじめと不登校　潮出版社
文部科学省（二〇〇〇）「不登校に関する実態調査」（平成五年度不登校生徒追跡調査報告書）
文部科学省（二〇〇三）「不登校への対応の在り方について」
文部科学省（二〇一四）「不登校に関する実態調査」（平成一八年度不登校生徒に関する追跡調査報告書）
文部科学省初等中等教育局児童生徒課（二〇一五）「平成二六年度児童生徒の問題行動等生徒指導上の諸問題に関する調査」
森嶋昭伸（二〇〇四）不登校に対する理解と取り組みの変遷　教育と医学、第七二九巻、一二一-一二七頁
森田洋司（一九九一）「不登校現象」の社会学　学文社
奥地圭子（二〇〇五）子どもとつくる二〇年の物語　東京シューレ出版
佐伯胖（二〇〇四）学ぶとはどういうことだろうか？　河合隼雄（編）学ぶ力　岩波書店、一三一-一五〇頁

佐藤学（二〇一二）学校を改革する――学びの共同体の構想と実践　岩波ブックレット
相馬誠一（編）（二〇〇七）不登校――学校に背を向ける子どもたち　ゆまに書房、三―二四頁
田嶌誠一（編）（二〇一〇）不登校――ネットワークを生かした多面的援助の実際　金剛出版
滝川一廣（二〇一〇）不登校理解の基礎　不登校――ネットワークを生かした多面的援助の実際　金剛出版、五九頁
渡辺位（一九八一）不登校　清水將之（編）青年期の精神科臨床　金剛出版
Winnicott, D. W. (1961) "The Antisocial Tendency." In Ed, C. Winnicott, R. Shepherd, M. Davis. (1984) Tavistock Publication Ltd.（西村良二（監訳）（二〇〇五）愛情剥奪と非行　岩崎学術出版社）
Winnicott, D. W. (1961) Struggling Through the Dorldrums. In Deprivation and Delinquwncy. In Ed, C. Winnicott, R. Shepherd, M. Davis. 1984. Tavistock Publication Ltd.（西村良二（監訳）（二〇〇五）愛情剥奪と非行　岩崎学術出版社）
Winnicott, D. W. (1965) The Maturational Process and the Facilitating Enviroment The Hogarth Press Ltd.（牛島定信（訳）（一九九七）情緒発達の精神分析理論　岩崎学術出版社）
Winnicott, D. W. (1971) Therapetic Consultations in Child Psychiatry. The Hogarth Press Ltd.（橋本雅雄（訳）（一九八七）子どもの治療相談（1）　適応障害・学業不振・神経症　岩崎学術出版社）
山中康裕（一九七八）思春期内閉　Juvenile Seclusion　中井久夫・山中康裕（編）思春期の精神

病理と治療　岩崎学術出版社

第2章

土井健郎（一九九二）　方法としての面接――臨床家のために　医学書院
乾吉祐（二〇〇九）　家族との関わり　思春期・青年期の精神分析的アプローチ　出会いと心理臨床　遠見書房、七一―八一頁
河合隼雄（一九八六）　心理療法論考　新曜社（新版　創元社　二〇〇七）
河合隼雄（一九九九）　いじめと不登校　潮出版社
河合隼雄（二〇〇九）　いじめと不登校　新潮社
國分康孝・國分久子（編）（二〇〇四）　構成的グループエンカウンター事典　図書文化社
國分康孝（監修）（一九九六）　エンカウンターで学級が変わる　中学校編　図書文化社
國分康孝（監修）（一九九七）　エンカウンターで学級が変わる Part 2　中学校編　図書文化社
國分康孝（監修）（一九九九）　エンカウンターで学級が変わる　ショートエクササイズ集　図書文化社
文部科学省（二〇〇三）「不登校への対応の在り方について」（http://www.mext.go.jp/b_menu/hakusho/nc/t20030516001/t20030516001.html）
文部科学省（二〇一四）「不登校に関する実態調査（平成一八年度不登校生徒に関する追跡調査報告書）」（http://www.mext.go.jp/component/a_menu/education/detail/__icsFiles/afieldfile/201

4/08/04/1349956_02.pdf)
森田洋司（二〇〇三）不登校──その後 不登校経験者が語る心理と行動の軌跡 教育開発研究所
中村雄二郎（一九九二）臨床の知とは何か？ 岩波新書
田嶌誠一（編）（二〇一〇）不登校──ネットワークを生かした多面的援助の実際 金剛出版

第3章

千原雅代（二〇〇九）発達的な視点から見た自閉症スペクトラム障害の症状形成と心理療法における関係性について 伊藤良子・角野善宏・大山泰宏（編著）発達障害と心理臨床 創元社
Gutstein, S. F. (2000) *Autism/Aspergers: Solving the relationship Puzzle.* Future Horizonz.（杉山登志郎・小野次朗（監修）足立佳美（監訳）（二〇〇六）ＲＤＩ 対人関係発達指導法 クリエイツかもがわ）
市原準（二〇〇八）子どもの理解 小林正幸・橋本創一・松尾直博（編）教師のための学校カウンセリング 有斐閣、三七頁
家近早苗（二〇一五）学校における援助システムの見立てと支援 臨床心理学、第一五巻第二号、一九八-二〇二頁
春日井敏之・近江兄弟社高等学校単位制課程（二〇一三）出会いなおしの教育 ミネルヴァ書房
河合隼雄（一九九八）「こどもと悪」財団法人社会安全研究財団講演（河合隼雄（一九九九）いじめと不登校 新潮文庫、五八-九九頁）

黒川新二（二〇一二）自閉症とそだちの科学　日本評論社
宮本信也（二〇一〇）発達障害と不登校　東條吉邦・大六一志・丹野義彦（編）発達障害の臨床心理学、二四三-二五四頁
文部科学省（二〇一二）「通常の学級に在籍する発達障害の可能性のある特別な教員的支援を必要とする児童生徒に関する調査結果について」（http://www.mext.go.jp/a_menu/shotou/tokubetu/material/__icsFiles/afieldfile/2012/12/10/1328729_01.pdf）
成田善弘（一九九九）共感と解釈　成田善弘・氏原寛（編）（一九九九）共感と解釈　人文書院、一一-三〇頁
Rogers (1980) *The Way of Being*. Houghton Mifflin. Boston.（畠瀬直子（訳）（一九八四）人間尊重の心理学――わが人生と思想を語る　創元社）
杉山登志郎（二〇〇〇）発達障害の豊かな世界　日本評論社
土屋賢治（二〇一四）自閉症スペクトラムの研究はどこまで進んだか　本田秀夫（編）心の科学――自閉症スペクトラム　日本評論社、三六-四三頁
辻井正次・望月直人（二〇一〇）発達障害と不登校　田嶌誠一（編）不登校　金剛出版、七三-七八頁
内山登紀夫（二〇〇七）広汎性発達障害と不登校　斎藤万比古（編）不登校対応ガイドブック　中山書店、一二九-一三五頁

第4章

青木省三（二〇一二）ぼくらの中の発達障害　ちくまプリマー新書
安藤公（二〇〇八）昨今の児童精神科臨床と発達障害　そだちの科学、第一一号、四〇-四三頁
Dolto, F. (1984) L'image inconsciente du corps. Edition du Seuil.（榎本譲（訳）（一九八六）無意識的身体像（1）（2）言叢社）
石谷真一（二〇〇七）自己と関係性の発達臨床心理学　培風館
伊藤美奈子（二〇一〇）不登校――その心もようと支援の実際　金子書房
伊藤美奈子ほか（二〇一三）不登校経験者の不登校をめぐる意識とその予後との関連　慶応義塾大学社会科学年報、第七五号、一五-二九頁
春日井敏之（二〇〇八）思春期のゆらぎと不登校支援――子ども・親のつながり方、ミネルヴァ書房
河合隼雄（一九九二）子どもと学校　岩波新書
小林隆児（二〇一三）発達障害からみた今日の思春期・青年期発達　そだちの科学、第二〇号、五六-六四頁
水野治久（二〇〇六）不登校支援の課題と展望　忠井俊明・本間友巳（編著）不登校・ひきこもりと居場所　ミネルヴァ書房、二二〇-二三九頁
文部科学省（一九九八）中央教育審議会答申「新しい時代を拓く心を育てるために」
文部科学省（二〇〇一）「不登校に関する実態調査」（平成五年度不登校生徒追跡調査報告書）

文部科学省（二〇一五）「平成二六年度児童生徒の問題行動等生徒指導上の諸問題に関する調査」
森田洋司（編著）（二〇〇三）不登校―その後――不登校経験者が語る心理と行動の軌跡　教育開発研究所
内閣府（二〇一〇）「若者の意識に関する調査（ひきこもりに関する実態調査）」（http://www8.cao.go.jp/youth/kenkyu/hikikomori/pdf/gaiyo.pdf）
奥地圭子（二〇〇五）東京シューレ――こどもとつくる20年の物語　東京シューレ出版
斉藤環（一九九八）社会的ひきこもり　ＰＨＰ新書
佐藤学・勝野正章（二〇一三）安倍政権で教育はどう変わるか　岩波ブックレット、二〇頁
鈴木誠（二〇〇八）解説1　日本の学校教育とカウンセリング――その問題と制しい分析が貢献する領域　I．ザルツバーガー‐ウイッテンバーグ・G．ウィリアムズ・E．オズボーン（著）平井正三・鈴木誠・鵜飼奈津子（監訳）学校現場に生かす精神分析――学ぶことと教えることの情緒的体験　岩崎学術出版社
鈴木誠（二〇一〇）学校現場からの不登校いついての再考　田嶌誠一（編）不登校――ネットワークを生かした多面的援助の実際　金剛出版、一五〇‐一六三頁
田嶌誠一（二〇一〇）はじめに――不登校への多面的援助の必要性　田嶌誠一（編）不登校――ネットワークを生かした多面的援助の実際　金剛出版、一一‐一七頁
梅澤良子（二〇〇六）民間施設での居場所づくり――聖母の小さな学校の実践　忠井俊　本間友巳（編著）不登校・ひきこもりと居場所　ミネルヴァ書房、一三八‐一五八頁

脇浜義明（一九九八）白紙の内申書　岩波講座・現代の教育——危機と改革第一巻、三-一一頁
Winnicott, D, W. (1971) *Therapeutic Consultations in Child psychiatry*. Routledge.（橋本雅雄（監訳）（一九八七）子どもの治療面接（1）岩崎学術出版社）
鷲見聡（二〇〇八）自閉症スペクトラムの原因論　そだちの科学、第一一号、一五-二〇頁

おわりに

ＡＳＵは二〇一五年で設立一二年目を迎えました。この間、一一〇人以上の児童生徒が卒業し、現在も一五人程度が在籍しています。生徒の多くは、ＡＳＵに来て元気になっていってくれますが、しかしなかには高校を中退してひきこもっている人も存在します。

不登校はひきこもりと関連が深い状態ですが、現在、日本には一五歳から三九歳までの年齢層でひきこもっている人が約一・八％いると言われています。不登校でなくとも大学や社会に出てからひきこもる人もいるため、「不登校＝ひきこもり」ではありませんが、義務教育期間に自分の課題を乗り越えるべく支援することができると、その後が大きく異なります。不登校支援は、現代日本の社会病理の現れであるひきこもり支援の一端を担うものでもあり、日本社会が取り組むべき非常に大事な課題です。

しかし、本文にも述べたように、支援体制はまだまだ質量ともに不足しています。不登校の子どもたちは、学校を静かに去るだけで、学校で目に見える騒動を起こすことはめったにないため、不登校問題は社会には見えにくくなっています。

また、こうすればこうなるといった簡単なマニュアルがないことも対応を難しくしています。ＡＳＵでも日々試行錯誤ですが、適切な支援があれば、子どもが見事に成長していく姿も日々見せていただいています。筆者が大学院で学んでいたときに、故河合隼雄先生から、「精一杯勉強して、クライエントさんに会うときはすべて忘れて、自分自身で会いなさい」「こちらの姿勢を整え、全力でもって会いなさい」と教えていただきました。振り返って思うに、まったく正しい指導であったと感謝しています。答えがないようで、しかし一定の態度を維持していれば、何とかなることも結構ある、というのが不登校支援です。その一定の態度を自分の体験として知ること、教師やカウンセラーという役割を保ちつつ、本質的には人として出会い、そこで生じていることについて「考える」ことがＡＳＵで大事にしてきたことです。

こうした考えに立つと、子どもたちを何も知らない「子ども」と見るのではなく、一人の生きている人として、「小さな大人」として対等に遇することになってきます。この本では便宜上「子ども」という言葉を使っていますが、子どもたちはみな一人の「人」です。主体性をもち、自己決断して責任を取りながら生きていく存在です。それゆえ、「対応」する相手ではなく「出会う」相手なのであって、そのようにして出会うことができると、子どもたちの人としての頑張りへの尊敬の念がおのずと生まれてくるように思います。

子どもたちは、とても苦労しつつ、少しずつ自立し自分の道を見出していきます。ときどき厳しい現実に胸が詰まるような思いをすることもありますが、それに耐え、生き抜いていく子どもたちの生きざまには尊いものがあります。

筆者はＡＳＵ以外にも、公立学校ＳＣ、教育総合センターや心理相談機関のカウンセラーとして、二〇〇人以上の不登校の子どもたちに出会ってきましたが、痛切に感じるのは、子どもを受けとめたうえで子どもの話を真に聴ける大人、そしてそのうえで対話する適切な大人がいないということです。大人は会話をしているつもりでも、どこか自分の気持ちや価値観をおしつけ、子どもの本当の声を聴いていないこともあります。とはいえ、筆者自身、子どもたちや保護者の話を聴き、対話を心がけてきたものの、どれほどできたのか心もとない次第です。それは筆者だけではなくＡＳＵのスタッフ一同の気持ちですが、揺れ動くなかで私たちが多くの学びを与えていただいたことは確かです。今後も子どもたちの存在をそのまま受けとめ、考え続けることが私たちのすべきことだと強く感じています。なお、ＡＳＵではスタッフ同士も対話しつつ考え、ＡＳＵ全体を作り上げられるように努めています。本書の第2章2および第4章1は、特定の教員が中心となりながらも他の教員や筆者と対話を重ねた成果として、共同執筆としました。

ところで、これまでＡＳＵには多くの人がかかわってきました。まずはＡＳＵを立ち上げられ、開設当初の数年、スーパーヴァイザーとして私たちスタッフをご指導くださいました東山弘子先生に心より御礼申し上げます。先生のご指導によってＡＳＵの基盤が築かれ、現場にカウンセラーとして入った筆者を含め、スタッフ一同、先生の児童生徒理解の鋭さと深さには常に学ばせていただきました。また、大和郡山市長はじめＡＳＵの校長である教育長、および教育委員会、市内の原籍校の先生方、関係諸機関のみなさま、そして今はＡＳＵにはいないけれども子どもや保護者を支えてくださった多くの先生方には、現スタッフとして心から御礼申し上げます。また職場体験でお世話になっている地域のみなさま、声をかけ見守り子どもを支えてくださった地域の方々にも、この場を借り心より御礼申し上げます。

そして何よりもＡＳＵで一緒に時間を過ごすことができ、また多くの学びを与えてくれた子どもたち、保護者のみなさま、特にこの本に自分の話を載せることを快諾してくれたみなさまに、この場を借りて、執筆者を代表して深く御礼申し上げます。シンガーソングライターの西浦達雄氏には、ＡＳＵの歌を作っていただき、生徒たちに希望を与えていただきましたことにも、心より御礼申し上げます。またミネルヴァ書房の丸山碧氏には的確な指摘をしていただき、大変お世話になりました。

不登校は奥が深く、非常に支援困難なケースもあります。今後も自分たちの視野を広げ、研鑽を積みよりよい連携ネットワークの構築に取り組みたいと思っております。そのため、ご一読いただいたみなさまから、忌憚のないご指導ご鞭撻を賜りますよう、心からお願い申し上げます。

最後に、この本が一つの取り組みの報告書として、ＡＳＵの今後につながるものとなること、また可能であれば、多くの不登校支援者や当事者のみなさまのお役に立つものであることを願いつつ、筆をおかせていただきます。

※この本の出版には、天理大学学術図書出版助成を受けたことを記します。

二〇一五年一二月一日

執筆者を代表して　天理大学　千原雅代

《執筆者紹介》（執筆順、＊は編著者）

＊千 原 雅 代（ちはら・まさよ） はじめに・第１章・第２章１，２，５・第３章２，３・第４章・おわりに
大和郡山市教育委員会　学科指導教室「ASU」スーパーヴァイザー・主任カウンセラー（臨床心理士），天理大学大学院臨床人間学研究科科長・教授

近 藤 和 美（こんどう・かずみ） 第２章３
大和郡山市教育委員会　学科指導教室「ASU」教師

平 野 大 心（ひらの・だいしん） 第２章４
大和郡山市教育委員会　学科指導教室「ASU」カウンセラー（臨床心理士）

當 嶋　　舞（あてじま・まい） 第３章１
元大和郡山市教育委員会　学科指導教室「ASU」教師

増井いずみ（ますい・いずみ） 第３章４
元大和郡山市教育委員会　学科指導教室「ASU」教師

大和郡山市教育委員会　学科指導教室「ASU」

奈良県大和郡山市では，不登校状態にある市内小・中学校に在籍する児童生徒を支援するため，不登校対策総合プログラムを推進している。不登校児童生徒が在籍学校以外の居場所を見つけ学ぶことを保障する必要があるとの考えのもと，不登校児童生徒の社会的自立をめざした新しい学びのスタイルを提供しているのが，学科指導教室「ASU」である。

〒639-1011　奈良県大和郡山市城内町２－７
TEL 0743-53-1151 （内線 725）

《編著者紹介》

千原雅代（ちはら・まさよ）

京都大学大学院教育学研究科　博士課程（教育学博士）

現　在：天理大学大学院臨床人間学研究科科長・教授

大和郡山市教育委員会　学科指導教室「ASU」スーパーヴァイザー・主任カウンセラー（臨床心理士）

主　著：『思春期のこころとからだ』（共著，1998年，ミネルヴァ書房）

『家族とこころ――ジェンダーの視点から』（共著，2009年，世界思想社）

不登校の子どもと保護者のための〈学校〉

――公立の不登校専門校 ASU における実践――

2015年12月30日　初版第１刷発行　〈検印省略〉

定価はカバーに
表示しています

編著者　千　原　雅　代

発行者　杉　田　啓　三

印刷者　坂　本　喜　杏

発行所　株式会社　ミネルヴァ書房

607-8494　京都市山科区日ノ岡堤谷町１

電話代表　(075)581-5191

振替口座　01020-0-8076

冨山房インターナショナル・清水製本

ISBN 978-4-623-07265-1

Printed in Japan